DEEPAK CHOPRA
Spiritueller Optimismus

W0039726

GOLDMANN
Lesen erleben

Buch

Mickey Fellows, ein bekannter Komiker aus Los Angeles, gerät in eine existen-
zielle Krise, als sein Vater stirbt. Da trifft er Francisco, einen geheimnisvollen
Fremden, der ihm vor Augen führt, was wirklich wichtig ist im Leben. Er lehrt
Mickey – mit humorvollem Augenzwinkern und Charme – die Kraft spiritueller Erfahrungen. Dieser lässt sich zunächst nur widerwillig darauf ein. Bald
erkennt er jedoch, dass er einige lieb gewonnene schlechte Gewohnheiten
loslassen muss. Er gibt seinen Schutzwall aus Witzen auf, um sich, frei von
Angst und Zweifeln, den Herausforderungen des Lebens zu stellen.
Im zweiten Teil des Buches stellt Deepak Chopra dar, wie jeder Einzelne von
uns seine Welt verwandeln kann. Er leitet aus der Geschichte zehn Grundsätze für den spirituellen Optimisten ab. Sein beschwingtes Plädoyer für eine
positive Sichtweise, Freude und gute Laune wirkt ansteckend. Fazit: Lachen ist
immer die gesündeste Antwort auf das Leben.

Autor

Dr. **Deepak Chopra** stammt aus Indien. Wie kein anderer verbindet er das
Wissen des Westens mit der Weisheit des Ostens. Lange Zeit hat er in einem
Krankenhaus gearbeitet. Als erfolgreicher Internist und Endokrinologe stellte
er in den 80er Jahren fest, dass der westlichen Medizin gleichsam die Seele
fehlt. Daher machte er sich auf die Suche nach einer ganzheitlichen Medizin,
die ihn bald in den Grenzbereich von Wissenschaft und Glauben brachte,
dem er sich auch heute noch mit Erfolg widmet. Seine mehr als 50 Bücher
sind Bestseller: Sie wurden in 35 Sprachen übersetzt und insgesamt 20 Millionen Mal verkauft. Das Time Magazine zählt Chopra zu den 100 herausra-
genden Köpfen des 20. Jahrhunderts.

Von Deepak Chopra sind bei Goldmann außerdem erhältlich:
Heilung (21988)
Die sieben Schlüssel zum Glück (21989)
Der dritte Jesus (21917)
Das Buch der Geheimnisse (21841)
Das Buch der Lösungen (HC 34116)
Schöpfung oder Zufall? (zus. mit Leonard Mlodinow, HC 34106)

DEEPAK CHOPRA

Spiritueller Optimismus

Eine Geschichte und zehn Grundsätze
für ein wahrhaft gutes Leben

Aus dem Englischen von
Michael Wallossek

GOLDMANN

Die amerikanische Originalausgabe erschien 2008 unter dem Titel
»Why is God laughing? The path to joy and spiritual optimism«
bei Harmony Books, New York.
Die deutsche Erstausgabe erschien 2011 unter dem Titel »Weshalb lacht
Gott?« bei nymphenburger in der F. A. Herbig Verlagsbuchhandlung GmbH,
München.

Verlagsgruppe Random House FSC® N001967
Das für dieses Buch verwendete FSC®-zertifizierte Papier
München Super liefert Arctic Paper Mochenwangen GmbH.

1. Auflage
Vollständige Taschenbuchausgabe Juni 2013
© 2013 Wilhelm Goldmann Verlag, München,
in der Verlagsgruppe Random House GmbH
© 2011 für die deutsche Erstausgabe nymphenburger in der
F. A. Herbig Verlagsbuchhandlung GmbH, München
© 2008 Deepak Chopra
Umschlaggestaltung: UNO Werbeagentur, München
Umschlagmotiv: Francene Hard
SSt · Herstellung: cb
Satz: EDV-Fotosatz Huber/Verlagsservice G. Pfeifer, Germering
Druck: GGP Media GmbH, Pößneck
Printed in Germany
ISBN 978-3-442-21990-2

www.goldmann-verlag.de

Für Mike Myers,

*der mir gezeigt hat, dass wahre Spiritualität beinhaltet,
sich selbst nicht so ungeheuer ernst zu nehmen,
und für diejenigen überall auf dem Planeten, die gern
lachen und an Weisheit ihre helle Freude haben.*

Inhalt

Weshalb lacht Gott?

1

GNADE DURCHDRINGT, einem schimmernden Lichtstrahl gleich, das ganze Universum, unabhängig von Entfernung, ungeachtet der Dunkelheit. Man sieht sie nicht, sie aber kennt ihren Weg. Jederzeit kann sie einen von uns mit ihrer geheimnisvollen Kraft berühren.

Sogar Mickey Fellows.

An diesem speziellen Tag düste Mickey gerade in seinem schwarzen Cadillac Escalade durch das San-Fernando-Valley. Ein Teil seiner Aufmerksamkeit war davon in Anspruch genommen, nach Möglichkeit eine unliebsame Begegnung mit einer am Straßenrand lauernden Polizeistreife zu vermeiden. Der Highway reflektierte die sengend heißen Strahlen der kalifornischen Sonne. Hinter den getönten Scheiben des Cadillac und den Panoramagläsern seiner Sonnenbrille hätte Mickey jedoch ebenso gut meinen können, er fahre in das fahle Licht der Abenddämmerung.

»Sag mir das bitte noch mal«, grummelte er in sein Mobiltelefon.

»Die Klubbesitzer sind nicht zufrieden. Sie finden das neue Programm nicht witzig. Sie wollen wieder den alten

11

Mickey zurück.« Mickey hatte Alicia am anderen Ende der Leitung, seine Agentin.

»Die können mich mal. Eigentlich müssten sie mir den Allerwertesten dafür küssen, dass ich es überhaupt noch in Erwägung ziehe, bei ihnen aufzutreten.«

Mickey lagen Angebote von zwei Filmstudios vor. Der Zeitschrift *People* war seine letzte Scheidung eine Titelgeschichte wert gewesen. Er wollte allerdings mit dem Publikum in Tuchfühlung bleiben, wollte spüren, was bei den Leuten ankam. Das war für ihn der einzige Grund, noch in kleinen Klubs und Comedy-Theatern zu arbeiten.

Aber Alicia ließ nicht locker. »Auch wenn du vielleicht nicht nach ihren Regeln spielen magst, könnte es leicht sein, dass du eines Tages genau auf diese Klubs angewiesen sein wirst.«

»Gott behüte!« Mickey steckte sich eine weitere mit Menthol aromatisierte Zigarette an.

Gott genießt das Privileg, sämtliche Leben jederzeit im Ganzen vor Augen zu haben. Da hat er es leicht, von all den kleinen Besonderheiten und Unterschieden abzusehen. Könnte man aus unendlich großer Entfernung auf die Menschheit hinunterblicken, was bekäme man dann zu sehen? Bestimmt wäre der Durchschnittsbürger am betreffenden Tag gerade auf der Autobahn unterwegs.

Über seine Seele machte Mickey sich, wie die meisten von uns, nicht sonderlich viele Gedanken. Mit schmerzlichen Wahrheiten wollte er lieber nicht konfrontiert werden. Fast in jeder seiner im Wachzustand verbrachten Stunden schaffte er es daher, sich irgendwie abzulenken.

Im Moment hatte Mickey den Eindruck, es sei an der Zeit, für einen Lacher zu sorgen. »Hier hab ich 'nen guten Witz für dich«, meinte er zu seiner Agentin. »Mein Großvater ist achtzig Jahre alt. Trotzdem hat er beinahe jeden Tag Sex. Am Montag hatte er beinahe Sex, am Dienstag hatte er ebenfalls beinahe Sex, beinahe auch am Mittwoch.«

Alicia sagte kein Wort.

»Ich glaube, gerade bekomme ich einen weiteren Anruf«, meinte Mickey.

»Nein, bekommst du nicht.«

»Diesmal scherze ich nicht«, entgegnete Mickey. »Bleib dran.« Er drückte eine Taste. »Ja bitte?«

»Spreche ich mit Michael Fellows?«

»Wer will das wissen?« Immer wieder gelang es Fremden, an seine Nummer zu kommen.

»Ich rufe Sie aus dem Cedars-Sinai-Krankenhaus an.«

Mickey spürte, wie ihm eine Schweißperle den Nacken hinunterrann. Unwillkürlich hielt er das Lenkrad fester in der Hand. »Ja?«

In den wenigen Sekunden, die verstreichen, bevor eine sich drohend abzeichnende Katastrophe tatsächlich greifbare Formen annimmt, können einem unglaublich viele Gedanken durch den Kopf schießen. Mickey sah sich selbst bei der alljährlichen, erst vergangene Woche durchgeführten Vorsorgeuntersuchung. Für einen Moment tauchte das Gesicht seiner Frau in solcher Deutlichkeit vor ihm auf, als wären sie nicht bereits seit fünf Jahren geschieden. Krebs, Aids, ein Autounfall.

Das Rad des Schicksals drehte sich. Gleich würde der Zeiger zum Stillstand kommen und erkennen lassen, was passiert ist.

»Tut mir sehr leid, Mr. Fellows. Es handelt sich um Ihren Vater.«

»Ist er vielleicht hingefallen? Ich habe doch eigens jemanden damit beauftragt, sich um ihn zu kümmern«, erklärte Mickey. Er hatte eine Vollzeitkraft als Haushaltshilfe engagiert, eine Ruhe und Gelassenheit ausstrahlende Frau aus Guatemala, die lediglich ein paar Brocken Englisch sprach.

»Ihr Vater hat in der Notfallaufnahme die bestmögliche medizinische Versorgung erhalten. Alles nur Denkbare ist unternommen worden, um ihn wiederzubeleben. Aber er konnte nicht gerettet werden.«

Die letzten Worte hörte Mickey schon nicht mehr. Sobald die Stimme am anderen Ende der Leitung sagte: »Alles nur Denkbare ist unternommen worden«, setzte ein Dröhnen in Mickeys Ohren ein, das jede andere Wahrnehmung übertönte.

»Wann ist er gestorben?«

Die Stimme, eine Frauenstimme, vermutlich diejenige einer Krankenschwester, hob zu Erklärungen an. Doch das Dröhnen in den Ohren sorgte dafür, dass diese weiterhin ausgeblendet blieben.

»Eine Sekunde bitte«, sagte Mickey. Er fuhr den Wagen auf den Seitenstreifen und atmete tief durch. Wie ein Schwimmer, der das Wasser aus den Ohren bekommen will, schüttelte er den Kopf: »Könnten Sie das wiederholen?«

»Als die Rettungssanitäter ihn eingeliefert haben, war er bereits nicht mehr bei Bewusstsein. Ein schwerer Herzinfarkt. Sie als sein nächster Angehöriger wurden namentlich und mit Telefonnummer in der Brieftasche genannt.«

Ein leichtes Schwindelgefühl überkam Mickey. »Hat er leiden müssen?«

Die Stimme gab sich alle Mühe, beruhigend zu klingen. »Falls es ein gewisser Trost für Sie sein sollte: So eine Herzattacke nimmt gewöhnlich einen sehr schnellen Verlauf. Alles in allem dauert sie nicht einmal eine Minute.«

Eine Minute, die sich angefühlt haben wird, als wäre es eine Stunde, dachte Mickey. »In Ordnung, ich bin gleich da. Werde ich ihn in der Notaufnahme finden?«

Die Frauenstimme sagte Ja. Mickey legte auf. Er fädelte den Cadillac wieder in den fließenden Verkehr ein und raste zur nächsten Ausfahrt. Die Nachricht hatte ihn kalt erwischt. Ein echter Schock. Aber er weinte nicht. Im Grunde wusste er gar nicht, wie ihm zumute war. Larry. Der alte Herr. Mickeys Mutter war jung gestorben. Brustkrebs. Auf ihrer Seite der Familie bestand offenbar diese Veranlagung. Sein Vater hingegen war unwahrscheinlich zäh. Ohne dass Mickey es wollte, kam ihm ein Gag in den Sinn.

Nach einem Herzschlag fällt eine Frau mittleren Alters tot um.

Als sie in den Himmel kommt, sagt Gott: »Hier ist uns ein schreckliches Missgeschick unterlaufen. Erst in vierzig Jahren bist du eigentlich mit dem Sterben an der Reihe.«

Die Frau erwacht wieder zum Leben und geht nach Hause. Da sie noch eine derart lange Lebensspanne vor sich hat, sollte sie wohl besser für ein gutes Aussehen sorgen, denkt sie. Also entschließt sie sich zu einer Rundum-Erneuerung. Plastische Chirurgie, das volle Programm:

Facelifting, Brustkorrektur, Bauchstraffung.

Zwei Monate später überquert sie die Straße und wird von einem Bus überfahren. Als sie dieses Mal in den Himmel kommt, sagt sie zu Gott: »Was läuft hier eigentlich? Ich sollte doch noch vierzig Jahre lang leben.«

Und Gott sagt: »Mabel, bist du es?«

Gewöhnlich fand Mickey Trost in den eigenen Gags. Auf diesen folgte allerdings eine Anwandlung von Schuldgefühlen. Das war doch jetzt wahrhaftig nicht der Zeitpunkt, Witze zu reißen. Aber so funktionierte sein Geist nun mal. Was sollte er machen?

Im Wartezimmer der Notaufnahme lag viel Anspannung in der Luft. Eine bedrückende, geradezu bleiern schwere Atmosphäre voller Leid. Von Verzweiflung zeugende Blicke hoben sich jedes Mal, wenn jemand vorüberging – in der Hoffnung, es könne ein Arzt sein. Mickey marschierte zum Empfang. Als die Schwester seinen Namen hörte, sagte sie: »Mein Beileid, Mr. Fellows, ein schwerer persönlicher Verlust. Hier entlang, bitte.«

Sie geleitete ihn durch eine Reihe von Pendeltüren. Es folgte ein von Rollbetten gesäumter Gang. Auf einem von ihnen, aufrecht sitzend und leise jammernd, sah Mickey einen Jungen, den Kopf mit blutgetränkten Bandagen umwickelt. Vor den Pendeltüren am Ende des Korridors blieben sie stehen. Die Schwester trat zur Seite.

»Sind Sie bereit?«

»Lassen Sie mir einen Moment Zeit. Ist das möglich?«, antwortete Mickey.

»Nehmen Sie sich die Zeit, die Sie benötigen. Wenn Sie so weit sind, wird der Doktor gleich zu Ihnen kommen«, murmelte sie.

Um seine Nerven zu beruhigen, versuchte Mickey sich auszumalen, wie Larrys Gesicht im Tod aussehen würde. Stattdessen kam ihm jedoch ein weiterer Gag in den Sinn.

Gott und der Teufel befanden sich mitten in einer Diskussion. Es ging um den Zaun, der den Himmel von der Hölle trennt. »Auf deiner Seite ist er völlig marode«, sprach Gott. »Sieh doch selbst.«

»Na und?«, erwiderte der Teufel.

»Jeder ist auf seiner Seite für die Instandhaltung zuständig. Auf meiner Seite ist der Zaun perfekt.«

Völlig unbeeindruckt zuckte der Teufel die Achseln. »Und was willst du jetzt unternehmen?«

»Wenn du mir keine andere Wahl lässt, nehme ich mir einen Anwalt und verklage dich«, sprach Gott.

Der Teufel lachte nur. »Mach mal halblang. Wo willst du denn einen Anwalt auftreiben?«

Mickey kicherte, dann fasste er sich. »Um Himmels willen, warum kann ich mich bloß nicht wie ein normaler Mensch verhalten?«, murmelte er.

»Wie bitte?«, fragte die Schwester.

»Schon gut. Ich gehe jetzt rein. Vielen Dank.«

In all seinen siebenunddreißig Jahren hatte Mickey, aus welchem Grund auch immer, noch nie eine Leiche zu Gesicht bekommen. Das Licht in dem Raum war gedämpft. Auf einem Tisch lag, mit einem Laken bedeckt, eine Gestalt.

Mein Gott, Papa, hättest du mir nicht wenigstens mal einen kleinen Wink geben können, wie die Dinge stehen?

Erstaunlich, was für eine beruhigende Wirkung der Tod auf die Atmosphäre ringsum ausübte. Mickey dachte darüber nach und war bemüht, nicht von einem Schauer erfasst zu werden. Da dieser Geruch von Desinfektionsmitteln in der Luft lag, kam einem der Raum kühler vor, als er es tatsächlich war. Minuten verstrichen. In dem Bemühen, nicht an einen weiteren Gag zu denken, zwickte sich Mickey.

Ein Katholik, ein Protestant und ein Jude sterben. Alle miteinander kommen sie in den Himmel. An der Himmelspforte sagt Petrus – Behutsam räusperte sich jemand neben ihm. »Mr. Fellows? Ich bin Dr. Singh.«

Im nächsten Moment dachte Mickey schon nicht mehr an die Lachnummer. Er wandte sich zu dem Inder im grünen Krankenhauskittel mit dem Stethoskop um den Hals.

»Ich wollte nicht stören«, murmelte der junge Arzt. Abgesehen von seinem schwarzen Stoppelbart sah er beinahe wie ein Zwanzigjähriger aus.

Mickey hatte einen Hauch von schlechtem Gewissen. *Er denkt, ich sei ins Gebet vertieft gewesen.*

Der Doktor machte eine einladende Handbewegung. »Treten Sie ruhig näher, wenn Sie mögen«, sagte er. Keiner der beiden verlor ein Wort, als der junge Arzt das Laken zurückschlug.

Den Vater anzusehen fiel Mickey nicht halb so schwer, wie er befürchtet hatte. So wie Larry aussah, hätte er auch schlafen können. Sein Gesicht hatte noch nicht jenen wächsern totenbleichen Farbton angenommen. Noch jenseits der siebzig war er ganz versessen darauf gewesen, das ganze Jahr über sonnengebräunt auszusehen.

»Er schaut friedlich aus.«

Dr. Singh nickte. »Möchten Sie wissen, was genau geschehen ist? Er wurde zwar vor Beginn meiner Dienstzeit eingeliefert, ich habe mir jedoch sein Behandlungsblatt angesehen. Manchmal wollen die Angehörigen Einzelheiten erfahren.«

»Bloß ein paar«, meinte Mickey. Würden wohl, fragte er sich, die meisten Söhne die Hand unter das Leichentuch stecken, um dort die Hand des Vaters anzufassen? Larrys Hände hatte man über der Brust ineinander verschränkt. Was wäre denn nun schauriger? Wenn Larrys Körper sich warm oder wenn er sich kalt anfühlte?

»Bei Ihrem Vater hat es sich um einen akuten Herzmuskelinfarkt gehandelt, eine schwere Herzattacke, ungefähr um vierzehn Uhr heute Nachmittag. Innerhalb von fünf Minuten trafen Sanitäter vor Ort ein. Wahrscheinlich war er aber bereits tot, bevor sein Körper auf dem Boden zu liegen kam.«

»Also ging es schnell?«, meinte Mickey.

»Ganz schnell.«

Vielleicht war das die Erklärung für Larrys Gesichtsausdruck, der im Grunde, wie Mickey inzwischen konstatiert hatte, nicht wirklich friedlich war, sondern eher ein wenig überrascht wirkte. Wer aber, dem es gerade das Herz in Stücke reißt und der nichts anderes verspürt als quälenden Schmerz, würde wohl lediglich erstaunt dreinblicken? Unvermittelt kam Mickey ein neuer Gedanke, auf den er nun überhaupt nicht gefasst war.

Ich bin gar nicht tot, du Trottel. Ich tu nur so. Hier hat man mir allerdings jede Menge Unannehmlichkeiten bereitet. Du kapierst die Pointe? Hoffentlich wenigstens du, wenn schon sonst niemand.

Mickey musste sich zusammennehmen, damit er nicht einem plötzlich auftretenden Drang nachgab, den Tisch umzustoßen, um den alten Mann auf den Boden zu schubsen. Das ist kein bisschen lustig, du kranker Bastard, würde er ihn anschreien. Und Larry würde, während er sich erhob, um sich aus dem Staub zu machen, in schallendes Gelächter ausbrechen.

Dann erspähte Mickey aus dem Augenwinkel den Gesichtsausdruck des Arztes. War es Nervosität, was Mickey dort wahrnahm? Der junge Arzt war womöglich recht unerfahren. Vielleicht hat er selbst noch gar nicht so viele Tote zu Gesicht bekommen. Mickey vermochte es nicht richtig einzuschätzen. Eines aber wusste er ganz sicher: Die ganze Situation hier war eindeutig nicht zum Lachen.

DREI TAGE SPÄTER begab Mickey sich zur Wohnung seines Vaters, um sie in einen übergabefähigen Zustand zu bringen. Larry hatte in einem kleinen Einbettzimmer einer Senioreneinrichtung in Culver City gewohnt. Lupe, der Haushälterin aus Guatemala, zahlte Mickey den ihr noch zustehenden Lohn aus. Sie war diejenige, die Larrys Leichnam gefunden hatte.

»Da vorn, Señor«, sagte sie, indem sie auf Larrys Lieblingsmöbel wies, einen Barcalounger-Relaxsessel, an den Mickey sich noch aus jener Zeit erinnern konnte, als er ein Junge gewesen war. Der Sessel, dessen abgewetzte Armlehnen mit brüchig gewordenem Leder bezogen waren, hatte die Kriege überdauert.

Daher hast du ihn also, dachte Mickey.

Lupe hatte sich ein freudig überraschtes Kichern nicht verkneifen können. Denn außer dem vereinbarten Lohn hatte er ihr einen Extrahunderter in die Hand gedrückt und den schon arg ramponierten Staubsauger zu ihrem Auto gebracht. Als sie fort war, bestand für Mickey kein

Grund mehr, sich noch länger in dem einstigen Miniappartement des Vaters aufzuhalten. Also ließ er die Jalousien runter, sodass selbst das letzte fahle Licht der Abenddämmerung nicht mehr ins Zimmer gelangte. Er drehte den Thermostat aus und ließ den Blick durch den Raum schweifen.

Sonst noch was?

Auf dem Nachttischchen seines Vaters fand er eine halb leere Whiskeyflasche. Auf dem Etikett stand zwar »Jim Beam«, eigentlich konnte man ihn aber förmlich hören, den Hilferuf des Vereinsamten. Hatte sich der Vater, fragte sich Mickey, am Ende wohl selbst völlig aufgegeben? Am Telefon klang er immer quietschfidel.

»Nee, du brauchst dich wirklich nicht hierher auf den Weg zu machen. Dein alter Herr ist putzmunter, wie ein Fisch im Wasser und fit wie ein Flitzebogen«, pflegte Larry zu sagen. »Oder vielleicht bloß fit.«

Geistesabwesend wirbelte Mickey die Flasche mit dem bernsteinfarbenen Schnaps im Kreis herum.

Ziellos spazierte er durch das im Dunklen liegende Zimmer, die Flasche nach wie vor in der Hand. Schließlich ließ Mickey sich auf den abgewetzten Sessel nieder, schraubte von der Whiskeyflasche den Verschluss ab und nahm einen kräftigen Schluck. Dann hob er die Flasche und stellte sich vor, er würde zu Ehren des Verstorbenen einen Toast ausbringen. »Gott sei mit dir«, murmelte Mickey am Ende.

Er bekam gar nicht mehr mit, dass er da gerade im Sitzen einschlief. Die Dämmerung wich der Nacht. Die Whiskey-flasche war mittlerweile in seinem Schoß gelandet.

Hier machten sich keine winzigen Wesen im Gebälk zu schaffen, denn es gab kein Gebälk. Nichtsdestoweniger hatte die Hausverwaltung es mit dem Versprühen von Chemikalien allzu gut gemeint.

WACH AUF, KLEINER.

»Ich bin wach.«

Dann zeig das auch. Mach die Augen auf.

Erst jetzt begriff Mickey, dass seine Augen geschlossen waren. Von irgendwoher auf der anderen Seite seiner Augenlider drang ein schwacher Lichtschein zu ihm vor. Als er die Augen öffnete, sah er die Lichtquelle: Der Fernseher war's, den er seinem Vater zu Weihnachten geschenkt hatte. Doch wer hatte das Ding bloß eingeschaltet?

Mickey rappelte sich auf. Klirrend kullerte die Whiskey-flasche über den Boden. Aber er achtete nicht weiter darauf. Denn der Fernseher spielte verrückt. Grauer Schnee flimmerte über die Mattscheibe. Für sich genommen, war das zunächst einmal nicht weiter verwunderlich. Mickey selbst hatte ja schließlich gerade tags zuvor den Kabelanschluss gekündigt.

Das Eigenartige daran war allerdings, dass sich in dem Schneegestöber der Elektronen vage Konturen abzeichneten. Mickey beugte sich vor, um sich das Ganze eingehender anzuschauen. Erst konnte er den Umriss eines Kopfes erkennen, dann zwei Hände.

Schalt nicht aus!

Ob der Umriss des Kopfes Larrys Gesichtszüge trug, hätte er nicht zu sagen vermocht. Bei der Stimme handelte es sich jedoch eindeutig um diejenige seines Vaters, gar keine Frage. An sich hätte Mickey allen Grund gehabt, völlig entgeistert aufzuspringen. Nichtsdestoweniger war es eine Tatsache, dass er sich erleichtert fühlte. Denn nun hatte er endlich den Beweis dafür, dass er träumte.

»Du bist im Fernsehen«, sagte Mickey mit etwas lauterer Stimme. Eigentlich bräuchte er doch nur hervorzukehren, wie absurd dieser Traum war, schon wäre der Bann gebrochen, und er würde aufwachen.

Ich bin nicht im Fernsehen. Erzähl keinen Unfug. Ich bin in der Vorhölle. Und sie lassen mich mit dir reden.

»Sie?«

Gottes Leute.

»Du kannst sie sehen?«

Genau genommen nicht. Das ist ein bisschen kompliziert. Hör einfach zu.

Mickey zögerte. Sein Blick fiel auf den Teppich. Dort lag die heruntergefallene Flasche. Aus ihr tropfte der Whiskey auf den Boden. Den scharfen Alkoholdunst konnte er riechen, unverkennbar. Das aber passte nicht ins Bild. Denn eins wusste Mickey ganz sicher: In seinen Träumen konnte er keine Gerüche wahrnehmen.

»Ich werde das ausschalten«, murmelte er.

Er drückte den entsprechenden Knopf der Fernbedienung, aber das graue Schneegestöber wollte nicht verschwinden und die sich darin vage abzeichnenden Umrisse ebenso wenig. Außerdem kamen jetzt die Hände in den Blickpunkt. Von innen drückten sie gegen die Mattscheibe.

Ich will dir helfen.

»Deine Hilfe brauche ich nicht«, entgegnete Mickey. Er betätigte noch ein paarmal die Fernbedienung.

Vergiss den Fernseher. Er dient mir lediglich als Weg, um mit dir in Verbindung zu treten. Schließlich glaubst du ja nicht an übersinnliche Erfahrungen. Da kam der Fernseher wie gerufen.

Mickey schüttelte den Kopf. »Du kannst nicht mein Vater sein. Erstens ist dieser Vorhöllenkram Unfug. Zweitens – …«

Die Hände ballten sich zu Fäusten und begannen von innen gegen die Mattscheibe zu pochen. *Halt den Mund. Ich habe nicht die Vorhölle der Kirche gemeint. Das gleicht hier eher einer Zwischenstation, einem Haus auf halbem Weg. Weder hier noch da. Verstehst du?*

»Nein, wie könnte ich denn?«

Etwas an dieser bizarren Erscheinung kam aber in der Tat ausgesprochen überzeugend rüber: Immer schon hatte Larry ein aufbrausendes Naturell gehabt. Für die Stimme galt offenbar dasselbe, denn sie begann deutlich lauter zu werden.

Vermassel das bloß nicht, Kleiner. Sei kein Blödmann, sondern hör mir zu.

»Schon gut, schon gut.« Mickey setzte sich wieder in den Sessel. »Ich höre.«

Hier ist es anders.

»Darauf würd ich glatt wetten.«

Das verstehst du nicht, kannst du auch nicht. Gerade habe ich noch im Sessel gesessen. Da, wo du jetzt sitzt. Einen Augenblick später beginnt bereits das ganze Zimmer zu verschwinden. Die Wände weichen zurück. Und im nächsten Augenblick geht es mit mir auch schon ab nach oben, durch die Zimmerdecke hindurch.

»Du hattest einen Herzinfarkt. Hast du das denn nicht gespürt?«

Schmerz wird aus der Erinnerung getilgt.

»Außer wenn das nicht passiert«, merkte Mickey zweifelnd an.

Unterbrich mich nicht. Ich bin immer weiter und weiter in die Höhe gestiegen, bis ich unter mir den gesamten Erdball und jeden, der sich auf ihm befand, im Blick hatte. Sämtliche Menschen konnte ich sehen, diejenigen auf der Tagseite und ebenso die auf der Nachtseite. Menschen jeder Altersgruppe und aller Hautfarben. Ein ganz unglaubliches Gefühl. Das kannst du dir gar nicht vorstellen.

»Du bist also nicht ins Licht eingetaucht?«, wollte Mickey wissen.

Nein. Mich hat das auch verwundert. Ich bin einfach weiter in den Weltraum emporgeschwebt. Die Erde wurde immer kleiner. Ich werde wohl Gott näher gekommen sein, nehme ich an.

»Gott hält sich also im Weltraum auf?«, fragte Mickey.

Die Stimme ging darauf nicht ein. Dafür wuchs der Grad ihrer Erregung.

Ich schaute mich weiter um. Aber nichts. Kein Gott. Keine Engel. Dann habe ich sie jedoch gehört. Kannst du dir das vorstellen, Kleiner? Ich habe Gottes Stimme gehört.

»Was hat er gesagt?«

Gesagt hat er nichts. Nur gelacht.

»Über wen hat er gelacht? Über dich?«

Nein. Über niemanden hat er gelacht. Das Lachen war allgegenwärtig. Es hat das ganze Universum erfüllt. Es war schiere Freude.

Die Stimme wurde jetzt richtig ekstatisch, was so gar nicht nach Larry klang und bewirkte, dass Mickey sich unbehaglich fühlte. Denn das erinnerte ihn an jenes eine Mal, als er miterlebt hatte, wie sein Vater weinte – am Tag, als Mickeys Mutter gestorben war. Aber was scherte Mickey sich überhaupt darum, ob Gott unentwegt lachte? Komiker bringen die Leute zum Lachen. Das muss freilich nicht heißen, dass sie glücklich sind. Lachen ist ein Reflex, so wie Niesen.

Für ein paar Sekunden war die Stimme verstummt. Jetzt aber sagte sie: *Jeder sollte diesen Klang hören, Kleiner. Das würde den alles entscheidenden Unterschied ausmachen.*

Daran hatte Mickey ernsthafte Zweifel. Doch er wollte nicht schon wieder für eine Unterbrechung sorgen.

Die Stimme spürte, was Mickey durch den Kopf ging.

Ganz im Ernst. Solange die Welt nicht mit Gott zusammen lacht, wird keine Veränderung zustande kommen.

»Ändern wird sich ohnehin nichts«, meinte Mickey. Er beugte sich vor und hob die heruntergefallene Whiskeyflasche vom Boden auf. Einen Moment lang dachte er daran, noch einen Schluck zu nehmen, dann besann er sich jedoch eines Besseren.

»Ich bin froh, dass bei dir alles in Ordnung ist, Papa«, sagte er. »Aber ich muss gehen. Schönen Aufenthalt noch in der Vorhölle.«

Du glaubst mir nicht.

»Ich habe, glaube ich, einen kleinen Abstecher in den Wahnsinn unternommen. Nun werde ich heimgehen, um ein wenig zu schlafen. Es war eine anstrengende Woche.«

Nicht für mich.

»Da kann ich ja nur gratulieren.«

Das ist kein guter Abschluss, Sohn. Meine Zugangsmöglichkeiten sind begrenzt. Du solltest unbedingt zuhören. Ich kann dir zeigen, was du zu tun hast. Dann wirst du es auch vernehmen.

Mickey war bereits aufgestanden, um zu gehen.

»Wenn Gott gern lacht, habe ich hier einen Witz für ihn«, meinte er: »Ein Mann stirbt und landet in der Hölle. Der Teufel bietet ihm einen Rundgang durch die Hölle an. Dabei begegnen sie diesem neunzig Jahre alten Knacker, der auf einer Parkbank sitzt und ein hinreißend schönes zwanzigjähriges Mädchen knutscht.

Der Mann sagt zum Teufel: ›Was läuft denn hier? Soll das etwa die Hölle sein?‹

Darauf der Teufel: ›Ja, für das Mädchen.‹«

Ha, ha.

Die Stimme klang einigermaßen entmutigt, aber Mickey war es egal. Er konnte sich jedenfalls nicht vorstellen, dass Gott andauernd lacht. Es sei denn, er fände das entsetzliche Chaos zum Lachen, das der Mensch auf Erden angerichtet hatte. Das wäre dann allerdings ein grausames Lachen. Ja der Teufel, *der* hätte in der Tat allen Grund, breit zu grinsen – über die ganze Visage.

Mickey war auf einmal ziemlich traurig zumute. »Jetzt bin ich wirklich enttäuscht von dir, Larry. Du hast mir doch sonst keine Moralpredigten gehalten. So viel du an anderer Stelle auch falsch gemacht hast, aus *einem* Grund hattest du immer einen gewaltigen Stein bei mir im Brett: Du warst nie ein Heuchler!«

Ich kann das alles wiedergutmachen, mein Kleiner.

»Zu spät.«

Mickey stand schon an der Tür. Das Schneegestöber verschwand von der Mattscheibe. Im Zimmer wurde es stockduster. Zögernd blieb seine Hand für einen Moment auf dem Türknauf liegen. Die Stimme hatte ihn davor gewarnt, es zu vermasseln. Was aber wäre, wenn er genau das gerade getan hätte?

2

AM NÄCHSTEN MORGEN sprang Payback aufs Bett und begann, Mickey das Gesicht abzulecken. Payback war eine reichlich klein geratene Dobermannhündin. Erst hatte sie von Dolores, Mickeys einstiger Frau, den Namen Daisy erhalten. Nachdem Daisy jedoch im Rahmen der ganzen Scheidungsprozedur bei Mickey geblieben war, hatte er sie fortan Payback genannt. Dolores mochte fort sein, doch der Dobermann liebte ihn nach wie vor.

Payback begann zu winseln, den Blick unverwandt auf Mickeys Gesicht gerichtet. Sie verlangte nach ihrem Morgenspaziergang. Oder konnte sie vielleicht spüren, dass sich bei ihm eine Veränderung vollzogen hatte?

»Keine Sorge, Schatz«, flüsterte Mickey ihr ins Ohr. »Alles in Ordnung. Ganz bestimmt.« Payback hatte dieses leicht nervöse Naturell. Daher flitzte sie nun hin und her und zwickte ihn in die Hand.

Ein paar Minuten später führte Mickey, an die Küchenarbeitsplatte gelehnt, ein Telefonat.

»Entsorg all die Dinge aus der Wohnung meines Vaters. Gib sie weg. Nichts davon will ich haben.«

Am anderen Ende der Leitung war die Stimme von Alicia zu hören, seiner Agentin. »Wie steht es denn mit den Fotos, mit familiären Sachen?«

»Schau du alles durch. Da verlass ich mich ganz auf dein Urteil«, meinte Mickey.

Er schlürfte einen Schluck Espresso. »Weißt du, ich habe mir ein paar Gedanken gemacht. Bei meinen Auftritten kommt in keiner einzigen Nummer Gott vor.«

»Willst du jetzt damit beginnen?« Die Bedenken in Alicias Stimme waren unüberhörbar. »Was ist los mit dir?«

»Nichts.«

Dieser sonderbare Spuk der vergangenen Nacht war verklungen. Was auch immer Mickey an abwegigen Fantasien durchlebt haben mochte – nun war es vorüber. Dennoch, tatsächlich noch ein letztes Mal mit Larry sprechen zu können wäre schon eine prima Sache gewesen.

»Gönn dir eine kleine Auszeit«, meinte Alicia. »Nimm dir ein paar Tage frei. Mit den Raubtieren werd ich schon allein fertig.«

»Danke.«

Payback scharrte an der Tür, sie wollte rausgelassen werden. Auf der einen Seite, zum Ozean hin, hatte das Haus lauter gläserne Verandatüren. Mickey nahm den Hund an die Leine. Und schon befanden sie sich draußen am Strand. Aufgeregt bellte Payback gegen die Wellen an, als handle es sich um Diebe, die sich anschleichen wollten, um den Sand zu klauen.

»Du bist mir schon eine Verrückte«, meinte Mickey sanft. Ihr dabei zuzuschauen, wenn sie sich wie von Sinnen in die Brandung stürzte, versetzte ihn gewöhnlich in gute Laune. Heute hingegen fühlte er sich irgendwie bedrückt und beunruhigt. Was Larrys Stimme ihm erzählt hatte, wollte ihm einfach nicht mehr völlig aus dem Kopf gehen. Selbst wenn es keinen Sinn ergab.

Auf Gott reagierte Mickey, wie fast jede/r seiner Bekannten, geradezu allergisch. Was hatte es den Menschen schon jemals Gutes gebracht, an einen Gott zu glauben, der einfach nur untätig zuschaute, der bei Völkermord, bei Aids, ja selbst wenn unschuldige Kinder Hunger leiden mussten, keinen Finger rührte? Entweder existierte Gott gar nicht, oder er war jemand, um den man besser einen großen Bogen machte.

Das rief Mickey einen alten Witz in Erinnerung.

Ein Atheist schwimmt im Meer, als er die Flosse eines großen weißen Hais vor sich sieht. In seiner Verzweiflung ruft er: »Mein Gott, rette mich!«

Jedes Geschehen, jegliche Bewegung kommt augenblicklich zum Stillstand. Der Himmel tut sich auf. Und eine Stimme spricht: »Warum sollte ich dich retten – ausgerechnet dich, der nicht an mich glaubt?«

Der Atheist hat eine Idee: »Vielleicht kannst du den Hai dazu bringen, an dich zu glauben.«

»So sei es.«

Der Himmel schließt sich wieder. Im nächsten Augenblick

kommt der Hai schnurstracks auf den Atheisten zugeschossen. Dann allerdings macht er unvermittelt halt, legt die Flossen aneinander und beginnt zu beten.

Der Atheist mag seinen Augen kaum trauen: »Tatsächlich, es hat geklappt. Dieser Hai glaubt an Gott!«

In dem Moment hört er den Hai murmeln: »O Herr, wir danken dir für die Speisen, die wir nun aus Deiner Hand empfangen werden.«

Mickey bemerkte, wie ein Fremder auf ihn zukam. Dieser zählte nicht zum Kreis der Jogger, war kein Schwimmer, auch kein Fischer: kurzum, keiner von den Leuten, die man gewöhnlich am Strand zu sehen bekommt. Langsam, aber stetig setzte er seinen Weg in Mickeys Richtung fort. Da die Morgensonne im Rücken des Fremden stand, zeichnete sich für Mickey lediglich eine Silhouette ab. Erst im Näherkommen konnte Mickey einen großgewachsenen Mann mit sonnengegerbtem Gesicht und Spitzbart erkennen. Er mochte vielleicht Mitte dreißig sein. Zu kakifarbener Kleidung trug er ein blaues Hemd.

Direkt vor Mickey blieb der Mann stehen: »Du hast etwas für mich«, sagte er.

»Wohl kaum«, erwiderte Mickey einigermaßen verdattert.

»Gewöhnlich hab ich bei solchen Dingen recht«, entgegnete der Mann. »Sieh mal in deinen Taschen nach.«

Seine physische Präsenz hatte etwas Furcht einflößendes. *Er sieht aus wie ein spanischer Konquistador, bloß ohne Rüstung,* dachte Mickey. Allerdings hatte seine Stimme etwas Beruhigendes.

»Was soll denn in meinen Taschen zu finden sein?«, fragte Mickey.

»Ein Anhaltspunkt.«

Der Konquistador wartete. Da Mickey offenbar keine Chance blieb, ihn abblitzen zu lassen, griff er in die Tasche seiner Jogginghose. Daraus zog er ein zusammengefaltetes Stück Papier hervor.

»Soll ich es vorlesen?«, fragte der Konquistador.

»Nein, ich mache das.«

Während Mickey das auf der einen Seite beschriftete Papier auseinanderfaltete, sagte er: »Verrätst du mir vielleicht, wie du heißt?«

»Francisco. Deinen Namen kenne ich. Wie lautet die Notiz?«

Die Tatsache, dass ein Wildfremder wusste, wie er hieß, hatte für Mickey nichts Erstaunliches. Daher las er einfach vor, was auf dem Papier stand:

So viel ich auch lüge, stets glaubt man mir.
Wenn das Schlimmste passiert, ich triumphier.
Zur Geburt gab ich Gift ins Herzen dir.
Du wirst fortgehen, doch ich bleibe hier.

Das unheilvoll klingende Rätsel war in sauberer Schreibschrift mit kleinen Buchstaben dicht gedrängt auf dem Zettelchen notiert. Francisco nickte, als sei das der erwartete Hinweis.

»Jetzt wissen wir, wo wir anzufangen haben«, erklärte er.

»Anfangen *womit*?«, fragte Mickey.

»Hier setzt der Prozess ein«, erwiderte Francisco mit einer gewissen Zufriedenheit. Du bist auserwählt worden. Auch wenn er nicht zeigt, dass er dich im Blick hat. Doch das ist in Ordnung, denn das tut er fast nie.«

Mickey schüttelte den Kopf: »Ich will nicht auserwählt sein.«

»Warum nicht?«

Mickey war drauf und dran zu sagen: *Weil ich mein Leben so mag, wie es ist.* Aber eigentlich war er sich gar nicht sicher, dass dies den Tatsachen entsprach. Darum sagte er stattdessen: »Momentan bin ich außerstande, mich mit so was abzugeben. Dazu fehlt mir einfach der nötige Raum. Mein Vater ist gerade gestorben.«

»Larry meinst du?«, setzte Francisco hinzu. »Was glaubst du wohl, wer dir diese Zeilen geschickt hat?«

Mickey blieb die Spucke weg. »Woher kennst du Larry?«

»Spielt keine Rolle. Du hast einen Hinweis erhalten. Das ist ganz außergewöhnlich. Dafür solltest du dankbar sein.« Francisco warf Mickey einen prüfenden Blick zu: »Fall mir nicht in Ohnmacht«, meinte er. »Atme ein paarmal tief durch, schön langsam.«

Mickey tat, was Francisco ihm sagte. Als er sich sicher war, dass er nicht umkippen würde, fragte er: »Hast du vor, mich irgendwo hinzubringen?«

Mickeys Ängstlichkeit brachte den großgewachsenen Fremden zum Lachen. »Nein, nichts dergleichen. Erst mal versuchen wir, aus dem Rätsel schlau zu werden. Mal sehen, wohin uns das führt.«

»Mir fällt dazu keine Lösung ein«, meinte Mickey.

»Derart nervös, wie du bist, kannst du nicht klar denken«, sagte Francisco. »Doch wer wäre nicht nervös an deiner Stelle?« Er nahm den Zettel selbst in die Hand und dachte kurz über das nach, was dort geschrieben stand. Dann fügte er mit einem Bleistift, den er aus der Tasche geholt hatte, ein Wort hinzu. Als Mickey den Zettel zurückerhielt, konnte er lesen, wie das Wort hieß: »Angst.«

»So lautet die Antwort?«, fragte Mickey nach.

Francisco nickte: »Passt zu jeder Zeile.« Er las ihm den Rätselspruch vor. Nur setzte er diesmal jeweils das Lösungswort ein.

So viel die Angst auch lügt, stets glaubt man ihr.
Geschieht das Schlimmste, die Angst triumphiert.
Zur Geburt gab die Angst Gift ins Herz dir.
Gehst du einst fort, bleibt die Angst weiter hier.

»Schau nicht so enttäuscht drein«, meinte Francisco. »Wir werden schon dafür sorgen, dass du furchtlos wirst.«

»Will ich doch gar nicht sein«, entgegnete Mickey. Inzwischen bereute er, dass er sich von dem Fremden überhaupt den Zettel hatte aushändigen lassen.

»Eine Chance solltest du dem Prozess wenigstens einräumen.«

»Und weshalb? Also wirklich, was mich hier ganz besonders nervös macht, bist du«, sagte Mickey. In dem Moment spürte er einen Stupser an seinem Ellenbogen. Als er den Blick senkte, sah er, dass Payback ihn anschaute. »Sie will nach Hause. Auf Wiedersehen!«

Francisco schüttelte den Kopf. »Weißt du, woran du mich erinnerst? An jemanden, dem eine Behandlung beim Zahnarzt bevorsteht. Die meisten Leute dort im Wartezimmer zeigen es nicht. Aber alle haben sie Angst. Heraus kommen sie anschließend freilich mit einem strahlenden Lächeln. Willst du denn etwa nicht übers ganze Gesicht strahlend wieder rauskommen?«

»Ich bin sowieso schon Herr Strahlemann in Person«, erklärte Mickey. Ein bisschen plagte ihn allerdings doch ein schlechtes Gewissen, weil er das Angebot des Fremden ausgeschlagen hatte. »Niemand ist ganz und gar furchtlos«, fügte er hinzu.

»Ich bin es.«

Eine solche Aussage hätte leicht nach leeren Worten klingen können, nach dem Versuch, ein bisschen zu prahlen. Schaute er freilich Francisco in die Augen, war er beinahe bereit, ihm das abzukaufen. Seine Augen wirkten so unerschütterlich fest wie die Sterne am Himmel, vollkommen ruhig.

In diesem Moment des Zögerns sah Francisco einen möglichen Ansatzpunkt.

»Probier's doch einfach aus«, redete er ihm zu.

Was sollte Mickey darauf schon sagen? Aus dem Staub machen konnte er sich ja wohl nicht. Außerdem hätte er die Auffassung des Fremden, er habe Angst, dadurch nur weiter untermauert. Und ohnehin hatte Alicia ihm doch geraten, sich ein paar Tage Auszeit zu gönnen. Genauso gut konnte er also auch auf den Vorschlag eingehen und das Spielchen mitspielen.

»VOR ALLEM«, MEINTE Francisco, »ist die Angst eine Lügnerin. Ganz so, wie es in dem Rätsel heißt.«

Nur mit Mühe konnte Mickey seine Worte hören. Denn sie standen auf dem Seitenstreifen des direkt am Strand entlangführenden Highways. Auf sechs Fahrspuren donnerten Pkws und Lkws an ihnen vorüber.

»Warum sind wir hier?«, fragte Mickey.

Anstatt seine Frage zu beantworten, sagte Francisco: »Was würde geschehen, wenn du jetzt auf die Straße gehen würdest, in den Verkehr hinein?«

»Ich wäre tot.«

»Siehst du, das ist eine Lüge. Lass es mal auf einen Versuch ankommen.«

»Bist du verrückt?«

Francisco schüttelte den Kopf. »Geh einfach vom Bürgersteig runter. Du bist sicher. Das hier ist eine Standspur.« Vor ihnen standen zwei parkende Autos. Zwischen der Stoßstange des einen und derjenigen des anderen war genügend

Platz vorhanden. Problemlos kam man zwischen ihnen hindurch.

Mickey ging vom Bürgersteig runter, obgleich ihm dabei nicht wohl zumute war. »Was soll das werden?«

»Frag nicht. Geh weiter.«

Langsam schob Mickey sich näher an den fließenden Verkehr heran. Am Rand der beiden parkenden Fahrzeuge angekommen, blieb er stehen.

»Nur zu«, drängte Francisco. »Geh weiter bis zur Fahrertür, als wolltest du sie aufschließen.« Mickey tat, wie ihm geheißen wurde. »Jetzt dreh dich um und geh auf die Straße.«

Der Typ ist nicht ganz dicht, dachte Mickey.

»Solange du es nicht auf einen Versuch ankommen lässt, kannst du deine Angst keinesfalls ablegen«, erklärte Francisco.

Sei's drum. Mickey wartete, bis sich im Verkehr eine Lücke zu bieten schien, dann trat er auf die Straße. Gerade schickte er sich an, noch einen Schritt weiterzugehen, da ließ ihn ein ohrenbetäubend lautes Hupen zurückschrecken. Wie aus dem Nichts kam ein Lieferwagen auf ihn zugeschossen. Mit einem großen Satz brachte Mickey sich augenblicklich in Sicherheit. Der Wagen zischte an ihm vorüber. Im Vorbeifahren starrte der Fahrer ihn an.

Mickey sah zu, dass er schleunigst wieder auf den Gehsteig zurückgelangte. »Also, was sollte das Ganze eigentlich beweisen?«

»Du konntest dich nicht selbst umbringen. Das hat es unter Beweis gestellt. Mit *einem* Satz hast du dich in Sicherheit gebracht, genau im richtigen Moment. Warum? Dein Körper hat instinktiv reagiert. Sobald Gefahr droht, ergreift er die Flucht.«

Unter dem Eindruck dieser Situation, bei der er nur um Haaresbreite mit heiler Haut davongekommen war, pochte Mickey das Herz. Da vermochte er dem, was der großgewachsene Fremde ihm mitteilen wollte, kaum Gehör zu schenken.

»Trotzdem hätte ich ums Leben kommen können«, beharrte er.

»Nein, aus dir spricht lediglich die Angst. Versuch es gleich noch mal. Gib dir einen Ruck, geh auf die Straße, hinein in den Verkehr. Du wirst nicht überfahren werden. Dein Körper wird das nicht zulassen. Er versteht auf sich achtzugeben.«

Mickey würde sich nicht noch einmal in den Verkehr hinauswagen, das stand für ihn fest. Immerhin spielte er in seiner Vorstellung durch, wie er sich in diese nicht enden wollende Autokolonne hineindrängen würde. Und er wusste: Francisco hatte recht. Der Impuls, sich mit einem Sprung in Sicherheit zu bringen, würde überwältigend stark sein.

»Mal angenommen, du hättest recht«, sagte er. »In welchem Zusammenhang steht das dann aber mit deiner Aussage, die Angst sei eine Lügnerin. Das versteh ich nicht.«

Darauf Francisco: »Die Angst lässt dich glauben, du seiest nicht sicher. Das bist du aber. Diese Annahme, nicht sicher zu sein, ist eine Illusion. Glaubst du an eine Illusion, dann nimmst du eine Lüge für bare Münze.«

Francisco ließ Mickey keine Möglichkeit, einen Einwand zu erheben. »Du wirst mir alle möglichen Gründe aufzählen, weshalb ich unrecht habe«, fuhr er fort. »Versuch stattdessen einfach mal zu überlegen, warum ich recht haben könnte.«

Das war schwieriger, als man hätte meinen sollen. Auf einmal kamen Mickey all die Dinge in den Sinn, die ihm besonders große Sorgen bereiteten. Krebs. Der betrunkene Autofahrer, der in den Gegenverkehr gerät, auf Mickeys Fahrspur, und frontal mit ihm zusammenstößt. Das kriminelle Bandenmitglied, das mit seiner Knarre auf der Straße wüst in der Gegend rumballert. Autokidnapping. Einbrecher, die in sein Haus eindringen. Er rang sich dazu durch, nicht weiter über solche Dinge nachzudenken.

»Siehst du, was du da tust?«, meinte Francisco. »Alle möglichen Dinge bildest du dir ein.«

»*So* imaginär sind diese Dinge gar nicht«, entgegnete Mickey.

»Doch, sind sie. Der Illusion den Anstrich von Realität zu verleihen ist die wichtigste Strategie der Angst. Doch ein eingebildeter Schmerz ist kein echter Schmerz. Der Tod, den wir uns vorstellen, ist kein wirklicher Tod. Erliegst du der Angst, dann projizierst du entweder in die Zukunft oder lässt in deiner Vorstellung die Vergangenheit wiedererstehen. Hier und jetzt bist du sicher. Zwar versucht die Angst, dich davon zu überzeugen, sie beruhe auf einer realen Grundlage. In Wahrheit verlierst du so allerdings den Kontakt zur Gegenwart. Die Welt wird auf diese Weise zu einem einzigen großen Wartezimmer beim Zahnarzt, in dem sich jeder den Kopf darüber zerbricht, was ihm wohl als Nächstes Schmerzen bereiten wird.«

»Manchmal *tut es aber weh* beim Zahnarzt«, merkte Mickey an.

»Willst du damit sagen, die Angst trage dazu bei, dass es weniger weh tut? Da bin ich ganz und gar nicht deiner Meinung. Wenn im Wartezimmer jeder Angst hat, auf dem Behandlungsstuhl letzten Endes jedoch nur fünf Prozent von Schmerz gepeinigt werden, dann ist die Angst in fünfundneunzig Prozent der Fälle gegenstandslos. Die Angst liefert erbärmlich schlechte Zukunftsprognosen. Tatsächlich gibt es nichts Unzuverlässigeres und weniger Vertrauenswürdigeres als die Angst. Trotzdem verlassen die Menschen sich ein ums andere Mal auf sie.«

Francisco sah, dass seine Worte ihre Wirkung nicht verfehlten. »So ist es gut. Allmählich entspannst du dich ein wenig«, meinte er.

»Weiß nicht.« Mickey hatte nach wie vor arge Zweifel. »Immerhin bleiben da noch die fünf Prozent.«

»Würde unser Fernsehwetterfrosch, der Meteorologe vom regionalen Wetterdienst, mit lediglich fünf Prozent seiner

Vorhersagen richtig liegen, wäre er schon morgen seinen Job los. Höchste Zeit, dass du deiner Angst den Laufpass gibst. Komm, wir machen uns auf den Weg.«

Francisco kehrte dem Highway den Rücken zu. In direkter Strandlage wurden gerade einige Gebäudekomplexe mit Eigentumswohnungen hochgezogen. »Wir brauchen etwas von der Baustelle«, sagte er.

Einen Augenblick später wies er auf Mickeys Hosentasche. »Lies noch mal die zweite Zeile des Rätsels vor.«

Mickey zog den Zettel aus der Tasche: »Wenn das Schlimmste passiert, ich triumphier.«

»Darauf beruht die Wirkung der Angst«, sagte Francisco. »Jedes Mal, wenn eintritt, was ihr befürchtet habt, haltet ihr der Angst zugute, bis zu diesem Augenblick habe sie euch vor Schlimmerem bewahrt. Dadurch aber werdet ihr lediglich ermutigt, euer ganzes Leben in Erwartung der nächsten Katastrophe zu verbringen.«

Während sie Seite an Seite gingen und Payback meist ein Stück voraustrottete, war Mickey in der Nähe des großgewachsenen Fremden mittlerweile weniger unbehaglich zumute. Zwar hatte er immer noch das Gefühl, Franciscos Spiel einfach nur mitzuspielen. Möglicherweise aber hatte Francisco ja gar nicht so unrecht. Mickey hatte jedenfalls den Eindruck, sein Geist taue allmählich auf – ein Stück weit zumindest.

»Willst du mir damit sagen, ich solle niemals Angst haben?«, meinte er. »Das ist unrealistisch.«

»Tatsächlich? Hier hab ich eine Geschichte für dich. Eine junge Frau geht zum Arzt, um sich untersuchen zu lassen. ›Ich habe ganz entsetzliche Angst vor Krebs‹, sagt sie. ›Sind Sie wirklich sicher, dass bei mir alles in Ordnung ist?‹

›Absolut‹, erwidert der Arzt. ›Ein tadelloser Befund. Sie haben keinen Krebs.‹«

Nach wie vor ist die Frau jedoch vom Gegenteil überzeugt. Einige Wochen später kommt sie wieder in die Praxis. Der Arzt untersucht sie und erklärt erneut, sie habe keinen Grund zur Sorge: ›Kein Krebs!‹

Jahrelang geht das so weiter. Alle paar Monate vereinbart die Frau bei ihrem Arzt einen Termin, stets mit dem Gefühl, ganz bestimmt Krebs zu haben. Ein ums andere Mal bleibt die Untersuchung ohne Befund.

Schließlich ist sie achtzig Jahre alt. Bei der nächsten Kontrolluntersuchung eröffnet ihr der Arzt: ›Tut mir schrecklich leid. Ich muss Ihnen etwas Unerfreuliches mitteilen: Sie haben Krebs.‹

Die Frau schlägt die Hände überm Kopf zusammen: ›Hab ich's Ihnen nicht gesagt?‹«

Nicht gerade die Art von Geschichte, die einen in schallendes Gelächter ausbrechen lässt. Mickey rang sich aber zumindest ein süßsaures Lächeln ab.

»Verstehst du, was ich meine?«, fragte Francisco. »Wenn was Schlimmes geschieht, beweist das noch lange nicht, dass deine Angst begründet war. Unermüdlich wird die Angst dich zu überzeugen versuchen. Sobald du jedoch beschließt, dich nicht länger überzeugen zu lassen, wirst du frei sein von Angst.«

Zu dem Zeitpunkt hatten sie die Baustelle erreicht. Am Wochenende wurde dort nicht gearbeitet. Weit und breit war daher keine Menschenseele zu sehen. Francisco ging zu einem Abfallhaufen voller Gerümpel und stöberte in ihm herum. Im nächsten Moment zog er eine lange Holzbohle heraus.

»Auf geht's«, meinte er, indem er die Holzbohle auf den Boden legte. »Wie breit ist sie deiner Meinung nach? Fünfzehn Zentimeter vielleicht?«

»Ungefähr«, antwortete Mickey.

»Und wie lang? Zwei Meter vierzig?«

»Ja.«

»Mal sehen, ob du drauf laufen kannst, ohne runterzufallen.«

Mickey betrat die schmale Bohle an dem einen und ging zum anderen Ende.

»Fällt's dir leicht?«, fragte Francisco.

Mickey nickte.

»Bist du dir sicher? Probier's noch mal.«

Mickey ging den gleichen Weg wieder zurück.

Francisco hob das Vierkantholz nun auf, steuerte auf den nächsten Gebäudekomplex mit Eigentumswohnungen zu, suchte sich eine Feuerleiter und begann diese hinaufzuklettern.

»Folge mir.«

Der von Francisco gewählte Gebäudekomplex war beinahe fertiggestellt. Oben auf dem Flachdach angelangt, schaute er sich um. Sie befanden sich in Höhe des fünften Stockwerks.

Übers Meer hatten sie nach Süden freien Ausblick bis Santa Monica und nach Norden bis Malibu. Anstatt die tolle Aussicht zu genießen, ging Francisco jedoch zum anderen Ende des Dachs hinüber. Als Durchgang hatte man zwischen diesem und dem Nachbargebäude einen kleinen Zwischenraum gelassen. Francisco legte die Bohle nieder, die gerade lang genug war, den Abstand zwischen den beiden Häusern zu überbrücken.

»In Ordnung, geh jetzt noch einmal über das Holz«, sagte er.

Nervös schaute Mickey nach unten, fünfzehn Meter in die Tiefe. »Das kann ich nicht«, antwortete er.

»Aber du hast es doch gerade eben erst getan. Gleich zweimal. Unten am Boden war's überhaupt kein Problem für dich.«

»Das hier ist was anderes.«

»Wieso?«

Francisco schaute ihn einen Moment lang an. »Nur die Angst hält dich davon ab. Rational betrachtet sollte es dir eigentlich überhaupt keine Schwierigkeiten bereiten, über dasselbe Brett zu gehen wie zuvor. Die Angst redet dir jedoch ein, du könntest es nicht. Warum solltest du ihr Glauben schenken?«

»Weil ich mir bei einem Sturz das Genick brechen würde«, erwiderte Mickey.

»Von der Angst getrieben, vermischst und verwechselst du Fantasie und Wirklichkeit«, merkte Francisco an. Plötzlich, ohne Vorwarnung, betrat er die Bohle. Auf halbem Weg über dem Abgrund drehte er sich um.

»Ich habe keinen besseren Gleichgewichtssinn als du. Sieh mal her!«

Er vollzog eine schnelle Drehung. Dann hüpfte er auf dem Brett, das sich unter der Last seines Gewichts knarrend durchbog, ein paarmal leicht auf und ab. Beim bloßen Anblick wurde es Mickey beinahe schon übel vor lauter Angst und Besorgnis.

»Hör auf damit! Komm zurück!«, rief er.

Francisco kam der Aufforderung nach. Er schaute Mickey, als sie wieder nebeneinanderstanden, aufmerksam an. »Dir hat es Angst eingejagt, mir zuzusehen. Ist das nicht merkwürdig? Dabei hat *dir* keine Gefahr gedroht – nicht einmal eine eingebildete Gefahr.«

»Ich hatte Angst um dich«, entgegnete Mickey. Das klang eigentlich nach einer ganz vernünftigen Aussage. Aber Francisco schüttelte nur den Kopf.

»Siehst du, wie die Angst überall einsickert, sich überallhin ausbreitet? Das geht so weit, dass sie sich sogar auf Situationen erstreckt, die mit dir gar nichts zu tun haben. Wohin auch immer sie vordringt und um sich greift, lauert auf einmal überall Gefahr.«

Quer übers Dach gingen sie zur Feuerleiter zurück und dann nach unten. Keiner von beiden sprach ein Wort, bis sie schließlich festen Boden unter den Füßen hatten.

»Für heute reicht es«, meinte Francisco. »Soll ich dich wieder kontaktieren? Das hängt von dir ab.«

Mickey reagierte zurückhaltend. »Was stünde mir denn als Nächstes bevor?«

»Heute haben wir bloß mit der Angst kokettiert, ein wenig mit ihr geflirtet. Morgen machen wir Ernst damit. Einen Hauch von Entsetzen mit ins Spiel zu bringen wäre sicherlich gut. Wie klingt das für dich?«

»Grässlich.«

»Ich werde dir sagen, was grässlich ist. Lies noch mal die beiden letzten Zeilen deines Rätsels«, sagte Francisco.

Mickey zog das Blatt hervor und las:

Zur Geburt gab ich Gift ins Herzen dir.
Du wirst fortgehen, doch ich bleibe hier.

Als Mickey geendet hatte, sagte der großgewachsene Fremde: »Eines kann ich dir versprechen: Wenn du durch diesen Prozess nicht hindurchgehst, wirst du bis zu dem Tag, an dem du stirbst, Angst haben.«

»Wirklich?«

»Wirklich.«

Mit diesen Worten entfernte sich Francisco. Eine Frage, das wurde Mickey kurze Zeit später klar, hatte er versäumt, ihm zu stellen: Was hatte all dies damit zu tun, dass Gott stets lacht. Irgendwo musste da ein Zusammenhang bestehen. Dessen war er sich ziemlich sicher. Larry würde ihn ja wohl nicht hinters Licht führen. Und falls doch? Tot zu sein bedeutet, niemals sagen zu müssen, etwas tue einem leid.

Im Geist konnte er schon hören, wie Alicia maulen würde: »Klau kein Baumaterial, Mickey. So was ist nun wahrhaftig unter deiner Würde.«

3

FRANCISCO, DAS MUSSTE Mickey einräumen, war schon ausgesprochen bemerkenswert. Wodurch aber zeichnete er sich eigentlich aus? Durch persönliche Anziehungskraft? Durch Charisma?

Kaum war Francisco fort, trat die Begegnung mit ihm schnell wieder in den Hintergrund. Tags drauf hielt Mickey die ganze Angelegenheit bereits für eine Art Zeitverschwendung. Furchtlos zu sein, darauf kam es ihm schließlich gar nicht an im Leben. Wozu auch?

Als Payback aufs Bett sprang, um ihn zu wecken, unternahm er diesmal keinen Spaziergang mit ihr. Er hatte beschlossen, den Strand zu meiden, nur für den Fall, dass Francisco ihn dort erwarten sollte.

Den ganzen Morgen fühlte er sich unruhig. Er blätterte ein paar Zeitschriften durch, was ihn allerdings nicht sonderlich lange beschäftigte. Und er war einfach zu aufgekratzt, um vor dem Fernseher zu sitzen. Gegen Mittag klingelte das Telefon. Mickey zuckte zusammen, obgleich er eigentlich keinen Grund hatte, schreckhaft zu reagieren.

Seine Schwester in Atlanta meldete sich. »Ich rufe nur an, um zu sehen, ob du was brauchst«, sagte sie.

»Was sollte ich schon brauchen?«

»Weiß nicht.«

Seine Schwester hieß Janet. Besonders häufig sprachen die beiden nicht miteinander. Durch die Scheidung ihrer Eltern waren sie voneinander getrennt worden. Die eine Hälfte der Familie war damals in Chicago geblieben, die andere Hälfte nach Atlanta gezogen. Mickey, der beim Vater blieb, sah Janet nur, wenn er die Mutter besuchte. Und das geschah bloß jeden Sommer eine Woche lang. Als sie beschloss, nicht an der Bestattung teilzunehmen, kam das für ihn nicht weiter überraschend.

»Nach wie vor glaube ich, dass er Schmerzen leiden musste«, meinte Janet. »Nichts tut schlimmer weh als ein Herzinfarkt, sagt man. Das soll sich ungefähr so anfühlen, als würde einem ein Lkw über den Brustkorb fahren.«

»Lass doch, Schwesterherz.«

»Bist du sicher, dass er nichts gespürt hat?«

»Hat er nicht. Das ist so passiert.« Mickey schnippte mit den Fingern.

»Aber sicher können wir uns da nicht sein, oder?« Ihre Stimme bebte. »Papa könnte durchaus eine Weile dort gelegen haben, mutterseelenallein, unter Schmerzen. Kann sein, dass er durch die Hölle gehen musste.«

»Sich solche Dinge auszumalen bringt nichts.«

»Wahrscheinlich hast du recht.« Janet hielt inne, sie nahm

sich zusammen. »Wäre ich mir da doch bloß so sicher wie du«, meinte sie.

Was sollte das denn nun schon wieder heißen? Es rief Mickey in Erinnerung, dass sie einander gar nicht sonderlich gut kannten. Als er beruflich auf der Erfolgsspur angelangt war, rief ihn die Schwester nie an, um ihm zu gratulieren. Von den Freikarten, die Mickey ihr geschickt hatte, wenn er auf Tournee ging oder der Kinostart eines neuen Films bevorstand, hatte sie nie Gebrauch gemacht.

»Findest du mich witzig?«, wollte er wissen.

»Wie bitte?«

Aus heiterem Himmel war ihm die Frage eingefallen und einfach so rausgerutscht. Warum er sie gestellt hatte, wusste er eigentlich selbst nicht. Für die Antwort brauchte Janet allerdings bloß ein paar Sekunden.

»Ich bin mit dir zusammen aufgewachsen«, sagte sie. »Nie hast du Witze erzählt. Weder warst du der Klassenclown noch ein Quatschkopf. Doch die Scheidung unserer Eltern hat dich verändert.«

»Soll das heißen, dass ich plötzlich zu einem Quatschkopf geworden bin?«

»Fühl dich nicht gleich angegriffen, Mickey. Das habe ich damit nicht sagen wollen. Du hast dich verändert. Dauernd wolltest du nur witzig sein. Es war seltsam, nichts weiter.«

»Ach wirklich? In deinen Augen bin ich also nicht witzig. Ich bin ein … was? Ein kleiner Bruder, der zu einer Quasselstrippe geworden ist?«

»Jetzt bist du sauer.«

Mickey widersprach ihr nicht.

»Du hast mir eine Frage gestellt, Mickey. Ich habe einfach gedacht, dass unser Umgang miteinander besser nicht so distanziert sein sollte«, erklärte Janet.

»Tut mir leid. Hier gab es in den letzten paar Tagen irrsinnig viel Stress.«

Auf diesen angedeuteten Versöhnungsvorschlag ging Janet ein. Ihr tue es ebenfalls leid, murmelte sie noch. Dann legte sie auf.

Urplötzlich kam Mickey das große Haus mit seiner luftig wirkenden Architektur wie ein kleiner Schuhkarton vor. Daher ging er hinaus auf seine Strandterrasse. An deren anderem Ende saß in einem der niedrigen weißen Klubsessel, in denen Mickey gewöhnlich ein Sonnenbad nahm, ein Mann. Es war niemand anderes als Francisco.

»So was wird nun häufiger vorkommen«, sagte er, ohne sich zu erheben.

»Von was sprichst du?«, fauchte Mickey, sich jedwede freundliche Begrüßung sparend.

»Kommt der Prozess erst mal in Gang, öffnest du dadurch eine Tür. Dort spaziert dann das Unerwartete herein.«

»Der Prozess kann mich mal«, meinte Mickey ziemlich angesäuert.

Francisco fühlte sich keineswegs auf den Schlips getreten. »Armer Mickey«, murmelte er. Noch einen weiteren Moment lang erfreute er sich an dem Anblick endloser Weite, der sich seinen Augen darbot: an dem funkelnd und glitzernd sich vor ihnen erstreckenden Ozean. Dann erhob er sich.

»Wir müssen dein Auto nehmen. Du solltest einen Witz mit im Gepäck haben. Aber das dürfte für dich ja wohl kein Problem darstellen, oder?«

Immer noch aufgewühlt von dem Telefonat mit seiner Schwester, kam Mickey zu dem Schluss, gegen ein wenig Gesellschaft sei eigentlich nichts einzuwenden. »In Ordnung«, sagte er.

Kurz darauf brausten sie über den Küstenhighway. An der entsprechenden Ausfahrt wies Francisco Richtung Sunset Boulevard.

»Wo auch immer du mit mir hinwillst, mir soll's recht sein«, meinte Mickey. »Aber, damit du's weißt, ich bin nicht, wofür du mich hältst.«

»Und das wäre?«, fragte Francisco.

»Jemand, der das Leben fürchtet, der besorgt und verängstigt ist.«

»In Ordnung.«

»Du glaubst mir nicht?«

Francisco zuckte die Achseln. »Was ich glaube, spielt keine Rolle. Aber du nimmst die Dinge, die ich dir gesagt habe, zu persönlich. Schon von klein auf haben wir Angst, und bei fast jedem von uns bleibt es so – bis zum Augenblick des Todes.«

»Was ist dann so besonders an dir?«

»Wer nicht in Angst lebt, sieht die Wahrheit. Sie wird offensichtlich.«

»Wenn du das sagst«, murmelte Mickey. Unbeirrbar hielt er den Blick auf die Straße geheftet. Denn in schwungvollen weiten Kurven zog sich der Sunset Boulevard nun durch luxuriöse Wohnviertel. Doch nirgendwo forderte Francisco ihn auf abzubiegen.

»Hast du den Witz parat, um den ich dich gebeten habe?«, fragte Francisco.

»Welche Art von Witz hättest du denn gern?«

»Einen Hundewitz.«

Achselzuckend legte Mickey los.

»Ein Mann betritt mit seinem Hund eine Bar. Zum Barkeeper sagt er: ›Mein Hund Fido kann sprechen. Gib mir ein Gratisgetränk, dann beweise ich es.‹

Neugierig geworden, gießt der Barkeeper dem Mann einen Drink ein. ›Kannst du wirklich sprechen?‹, fragt er den Hund.

›Klar kann ich das‹, antwortet der Hund.

Der Barkeeper ist derart beeindruckt, dass er ein bisschen Geld hervorholt. ›Hier sind fünf Dollar‹, sagt er zu dem Hund. ›Geh rüber auf die andere Straßenseite und sprich auch für meinen Freund Paddy ein paar Worte.‹ Der Hund nimmt das Geld und macht sich auf den Weg.

Ein paar Minuten später verlässt der Hundebesitzer die Bar. Und was bekommt er da zu sehen? In der Gosse bumst sein Hund eine Artgenossin. Ein schockierender Anblick, so findet er!

›Fido‹, ruft er, ›das hast du doch sonst nie getan!‹

›Ich habe ja auch noch nie fünf Dollar gehabt‹, erwiderte der Hund.«

Das war zwar kein besonders toller Witz. Aber als Francisco nicht lachte, war Mickey dennoch irritiert: »Man zahlt mir ʼne Menge Geld dafür, dass ich Witze reiße«, erklärte er.

Francisco schnitt ihm das Wort ab: »Bieg hier ab!« Er wies auf ein Haus zur Linken.

»Kennst du diese Leute?«, wollte Mickey wissen.

»Nein«, entgegnete Francisco seelenruhig.

Den Wagen in die Auffahrt wildfremder Menschen hineinzufahren behagte Mickey überhaupt nicht. Nachdem er das Auto abgestellt hatte, folgte er Francisco, der nicht zur Vordertür ging, sondern zum Hinterausgang. Nach ein paar Metern hörte er lautes Gebell. Als er um die Ecke bog, sah er zwei deutsche Schäferhunde, die nun noch heftiger anschlugen. Wütend an der Kette zerrend, die man ihnen um den Hals gelegt hatte, sprangen sie in Richtung der beiden Fremden.

»Hier sind wir falsch, lass uns weitergehen«, sagte Mickey besorgt. Jeden Moment, so nahm er an, würden die Leute, die in dem Haus wohnten, herausgestürmt kommen.

»Tritt näher«, forderte Francisco ihn auf.

»Auf keinen Fall!«

Im Allgemeinen hatte er vor Hunden keine Angst. Aber die beiden hier waren richtig große Kaliber und offensichtlich gefährlich. Sie bleckten ihre Reißzähne und verursachten einen ohrenbetäubenden Lärm. Mickey spürte, wie ihm das Herz bis zum Hals schlug.

Francisco zupfte ihn am Ärmel. »Die beiden«, meinte er, »wollen deinen Hundewitz hören.« Er zog Mickey näher heran, bis er von den Hunden, die nun regelrecht rasend wurden, weniger als eine Armlänge entfernt war. »Nur zu!«

»Ein Mann betritt eine Bar«, hob Mickey an. Er schaffte es kaum, die Worte herauszubringen. In den Lefzen des einen Hundes begann sich Schaum anzusammeln.

»Das ist doch völlig beknackt«, schrie Mickey. Er machte sich davon, verschwand im Schweinsgalopp hinter der Hausecke und eilte zum Wagen.

Zu seinem Erstaunen hatte Francisco nichts dagegen einzuwenden. Er folgte ihm, während hinter ihnen die Hunde weiter wie die Wahnsinnigen bellten.

»In ein paar Minuten hättest du dich beruhigt«, meinte Francisco.

»Das bezweifle ich.«

Sie stiegen in den Wagen, Mickey setzte ihn rückwärts aus der Ausfahrt heraus. Solange sie nicht wieder auf der Straße angelangt und außer Sichtweite des Hauses waren, stand ihm ganz und gar nicht der Sinn danach, von Francisco irgendwelche Erklärungen zu hören.

»Du irrst dich, wenn du meinst, du würdest nicht in Angst leben«, sagte Francisco. »Das wollte ich dir damit zeigen. Tatsächlich ist die Angst ständig dein stiller Begleiter. Und wenn du es am allerwenigsten vermutest, kommt sie plötzlich zum Vorschein.«

»Dass wir hier eine derartige Nummer abziehen, so was brauch ich wirklich nicht«, brummte Mickey. »Diese Hunde waren die reinsten Killerbestien. Einfach jeder hätte sich da gefürchtet.«

»Und ihre Besitzer? Bekommen *die* es etwa mit der Angst zu tun?«

»Die zählen nicht.«

»Du kapierst es nicht. Die Leute gewöhnen sich an die Angst. Und das verwechseln sie anschließend mit Überwindung der Angst. An ihre Hunde sind die Besitzer gewöhnt. Würden sie jedoch eines Tages, wenn sie nach draußen kommen, anstelle der Hunde zwei Alligatoren vorfinden, dann würde sich das in null Komma nichts ändern«, meinte Francisco.

Mickey war nach wie vor ziemlich durcheinander. »Stimmt, ich kapier's nicht. Denn aus irgendeinem merkwürdigen Grund hab ich keine Alligatoren in der Hinterhand, mit denen ich für derartige Überraschungseffekte sorgen könnte.«

»Hör doch auf, dich dagegen zu sträuben. Ich versuche dich dazu zu bringen, dass du in dich gehst«, sagte Francisco. »Die Angst, auch wenn du das nicht bemerkst, hat dich fest im Griff. Wann immer es ihr beliebt, kann sie dich befallen. Und du hast ihr dann nichts entgegenzusetzen.«

Mickey grübelte weiter darüber nach. Auf einer gewissen Ebene konnte er durchaus erfassen, worum es hier ging, und diese Sicht der Dinge akzeptieren. Fraglos war der großgewachsene Fremde überzeugt von dem, was er sagte, und im Rahmen seiner Vorstellungen ergab es auch Sinn. Vielleicht war es an der Zeit, ein bisschen lockerer zu werden. »Mach mir doch einfach mal deutlich, wohin das Ganze führen soll«, meinte Mickey.

»Stell dir vor«, antwortete Francisco, »dein ärgster Feind kommt zu dir nach Hause und setzt sich ins Wohnzimmer. Ganz egal, was du tust, er geht nicht wieder fort. Tag für Tag weigert er sich zu verschwinden. Und was willst du nun machen? Du fängst an, ihn zu ignorieren. Was bleibt dir anderes übrig? Du tust, als sei er gar nicht da.«

»Ich würde die Polizei rufen«, entgegnete Mickey.

»Hör auf, dich dauernd mit mir zu streiten«, sagte Francisco.

»Schon gut, schon gut.«

»Ein Zuhause ist kein Zuhause, wenn dort ein Feind lebt. Ganz gleich, ob du nun eine Abdeckplane über ihn breitest oder beschließt, den Platz komplett umzugestalten. Solange du den Feind nicht dazu bringen kannst, das Weite zu suchen, wirst du dich nie sicher fühlen.«

Francisco trug seine Argumente generell sehr sachlich vor. Die nächsten Worte sprach er demgegenüber mit einer gewissen Eindringlichkeit: »Die Welt ist dein Zuhause – und ein sicherer Ort. So hat Gott sie geschaffen. Aber die Angst hat sich eingeschlichen. Ein Riesenproblem! Niemand fühlt sich jetzt noch sicher.«

»Da kann ich nur sagen: Amen«, murmelte Mickey.

»Solange du in Angst lebst, stellt die Welt eine Bedrohung für dich dar. Falls das für dich keine Rolle spielt, in Ordnung. Wenn du so lebst, wirst du freilich nie die Freuden der eigenen Seele kennenlernen«, sagte Francisco.

Mickey schnitt eine Grimasse: »Steigerst du dich immer in einen derartigen Enthusiasmus hinein? Mit mir gehen jedenfalls nicht die Gäule durch.«

Francisco schmunzelte. »Du meinst, ich sollte lieber etwas lockerer werden?«

»Schaden würde es nicht.«

Francisco blickte aus dem Fenster und betrachtete den makellos blauen Himmel. Zu Mickeys Erleichterung sagte er erst mal nichts mehr. Denn Mickey hatte ohnehin schon ungeheuer damit zu tun, das Gesagte in sich aufzunehmen. Ansatzweise verspürte er ein flaues Gefühl im Magen.

Zur Geburt gab ich Gift ins Herzen dir.

Wie bedrückend. Ihm kam es so vor, als sei es schon länger als einen Monat her, dass er – vollkommen unerwartet – im Fernseher auf Larrys Geist, oder worum auch immer es sich dabei gehandelt haben mochte, gestoßen war. Nach wie vor aber hatte Gott nicht gelacht. Jedenfalls nicht so, dass Mickey es hätte vernehmen können.

Trotzdem, was Janet gesagt hatte, stimmte: Nach der Scheidung ihrer Eltern war er zum Scherzbold mutiert, zum notorischen Spaßvogel. Allerdings begriff sie nicht, warum das so war. Mickey war keineswegs einsam oder betrübt gewesen. Er hatte einfach den Wunsch gehabt, glücklich zu sein. Und bereits mit fünfzehn hatte er begriffen, dass niemand anderes dies stellvertretend für ihn erledigen konnte. Andere Menschen lachen zu hören war die reine Freude. Und der einzige Trost, den er sich zu verschaffen vermochte.

»Willst du einen Witz übers Ende der Welt hören?«, wollte Mickey wissen.

Francisco neigte den Kopf. »Na klar.«

»Eine kleine alte Dame geht in ein Restaurant. Sie isst einen Salat. Anschließend sagt sie zum Kellner: ›Jetzt möcht ich einen Eisbecher mit Früchten.‹

›Tut mir leid, Ihnen das mitteilen zu müssen, gnädige Frau‹, entgegnet der Kellner, ›aber in fünf Minuten steht der Weltuntergang bevor.‹

Einen Moment lang besinnt sich die kleine alte Dame. Dann sagt sie: ›In dem Fall bitte mit einer extradicken Portion Schlagsahne.‹«

»DIE ZEIT IST nun reif für eine Portion äußersten Entsetzens«, meinte Francisco zu Mickey. »Es wird ganz schön zur Sache gehen. Nicht, dass du mir hier zusammenklappst.«

An einem anderen Ort hätte seine vorsorgliche Warnung sicherlich glaubhafter geklungen.

»Hier?«, fragte Mickey ungläubig. »Das ist ein Spielzeugladen.«

»Wart's nur ab.«

Francisco schaute sich um, als erwartete er, etwas zu finden. Eine Minute später hatte er gefunden, wonach er Ausschau gehalten hatte: eine Mutter mit einem ungefähr drei Jahre alten Mädchen. Die Mutter beugte sich gerade vor, um ihrer Tochter ein Püppchen in einer rosaroten Pappschachtel zu zeigen. Konnte es auf der Welt etwas Harmloseres geben?

Dann klingelte bei der Mutter das Handy. Sie fingerte es aus der Handtasche hervor und nahm den Anruf entgegen.

»Ja bitte? Was? Du willst mit mir Schluss machen?« Sie sah frustriert aus und ging mit langsamen Schritten davon.

»Gleich passiert es«, erklärte Francisco mit gedämpfter Stimme.

Dem kleinen Mädchen, vom Anblick der Puppe wie verzaubert, war gar nicht aufgefallen, dass seine Mama sich ein Stück weit entfernt hatte. Inzwischen war die Mutter schon um die Ecke gebogen und somit aus dem Blickfeld verschwunden. Das Kind aber hatte immer noch nichts bemerkt. Eine halbe Minute verstrich, bevor es den Blick hob. Sein Kinn begann zu beben.

Mickey wusste, was nun folgen würde. Als das kleine Mädchen seine Mutter nicht mehr sah, schaute es sich einen Moment lang um. Dann brach es in Tränen aus. Die Puppe war vergessen. Es begann loszurennen. Unglücklicherweise in die falsche Richtung.

Mickey zuckte zusammen. Das Kind ängstigte sich, war zutiefst bekümmert, gar keine Frage. Was aber hätte er tun können? Falls er zu dem Mädchen hinüberliefe, würde er ihm nur umso mehr Angst einjagen. Just in dem Moment kam die Mutter um die Ecke gebogen und stand auf einmal wieder vor dem Mädchen.

»Alles in Ordnung, Mami ist wieder da.« Sie nahm das kleine Mädchen auf den Arm, um es hin und her zu wiegen. »Ich bin doch gar nicht fortgegangen, Dummerchen. Du brauchst keine Angst zu haben.«

Aber das kleine Mädchen war immer noch ganz starr vor Entsetzen. Jeder konnte das sehen. Das Schluchzen und Schreien wollte gar kein Ende mehr nehmen. Die Mutter schien peinlich berührt zu sein und ging schnell weiter.

»Äußerstes Entsetzen«, sagte Francisco. »Daran werde ich mich nie gewöhnen können.«

»Ich möchte gewiss nicht den Eindruck erwecken, ich sei ein gefühlloser Klotz«, meinte Mickey, »doch –?«

»Doch solche Szenen spielen sich tagtäglich ab. Ich weiß. Für dich ist es lediglich ein kurzer Augenblick. Die Kleine hingegen wird diesen Moment niemals vergessen.« Francisco drehte sich um und blickte Mickey ins Gesicht: »Auch du trägst derartige Erinnerungen in dir.«

»Vermutlich.«

»Erkennst du, welch eine Bedeutung solchen Dingen zukommt?«

Bevor Mickey darauf eine Antwort geben konnte, nahm Franciscos Stimme einen sanfteren Tonfall an. »Hier geht es nicht darum, wer Angst hat und wer nicht. Angst wirkt wie ein Illusionen heraufbeschwörender Schleier, einer der stärksten – wie eine regelrechte Nebelbank im Innern jeder Person. Wer den Nebel durchdringen könnte, würde freilich sehen, dass auf der anderen Seite etwas Unglaubliches liegt. Etwas, was jedes Vorstellungsvermögen übersteigt.«

Plötzlich kam Mickey eine Idee. »Hat mein Vater *das* gesehen? Hat er mir das mitzuteilen versucht?«

»Hat dein Vater dich geliebt?«, wollte Francisco wissen.

Die Frage ließ Mickey erschrecken. »Das nehme ich an. Sicher bin ich mir allerdings nicht.«

»Jetzt liebt dein Vater dich uneingeschränkt.«

Was Francisco sagte, klang nach großer Gewissheit. Woher aber wollte er das eigentlich wissen?

»Spricht mein Vater jetzt mit dir?«, fragte Mickey. Denn von Menschen mit übersinnlichen Fähigkeiten, die angeblich zur Kommunikation mit den Toten fähig sind, hatte er gehört. Spätabends hatte er die Kabelkanäle nach entsprechenden Sendungen durchstöbert.

Francisco zögerte mit der Antwort: »Du stellst die falsche Frage«, sagte er. »Diese Vorstellung, jemand spreche mit den Toten, geht davon aus, dass sie tot *sind*. Das sind sie jedoch nicht. Der Tod bedeutet Leben auf einer anderen Frequenz. Die Musik hört nicht bloß deshalb zu spielen auf, weil jemand sie nicht mehr hören kann.«

Die Antwort, das konnte Francisco sehen, stellte Mickey nicht zufrieden.

»Alles, was du wissen möchtest, wird sich für dich klären«, sagte er. »Gib dem Prozess Raum, sich zu entfalten. Würde ich dir darüber im Voraus etwas sagen, dann würdest du vielleicht die Wahrheit kennen, hättest sie allerdings nicht in dein Dasein integriert. Ich möchte, dass du sie dir wirklich zu eigen machst.«

Ohne Mickeys Reaktion abzuwarten, ging Francisco Richtung Ausgang. Einen Moment lang hielt er dann jedoch inne.

»Konntest du spüren, welchen Schrecken, welches Entsetzen das Mädchen durchlebt hat?«, fragte er.

»Ich denke schon.«

»Jeder kann das, glaube ich, spüren. Du bist Augenzeuge eines Moments geworden, den das Mädchen niemals vergessen wird. Es wird lediglich älter werden und diese Erfahrung im Verborgenen halten.«

Mickey lief ein Schauer über den Rücken: »Was hatten wir doch gleich gesagt – wir wollten die Dinge lieber lockerer nehmen?«

Sie schlenderten über den Parkplatz, bis sie Mickeys Wagen gefunden hatten. Leise sagte Francisco, an die Beifahrertür gelehnt, mit gesenktem Blick zu Mickey. »Ich weiß, für dich ist das schwierig. Der Schrecken des kleinen Mädchens hat deinen eigenen spürbar werden lassen.«

»Um Himmels willen, nun lass es aber endlich mal gut sein!« Wütend starrte Mickey in Franciscos unergründliche

Augen. »Wie auch immer«, murmelte er, während er sich hinter das Steuer setzte.

Auf dem Küstenhighway angelangt, beruhigte Mickey sich allmählich wieder. Er dachte über Larry nach, insbesondere über den Umstand, dass sein Vater ihn womöglich mehr geliebt hatte, als er es zu zeigen vermochte. Da kam ihm eine Erinnerung.

Als Zwölfjähriger sollte er die Sommerferien in einem Ferienlager verbringen. Diese Art von Ferienaufenthalt kannte er bereits. Und so sah er all den Dingen, die ihm im Vorjahressommer viel Genuss bereitet hatten, nun mit entsprechend großer Vorfreude entgegen: Lagerfeuer, Gespenstergeschichten, vom Kanu aus einen »Überfall« auf das am anderen Seeufer gelegene Lager der Mädels anzetteln.

Diesmal fuhr der Bus zum Ferienlager allerdings nicht Richtung Norden, wo sich die Seen befanden, sondern nach Süden.

Ein Hüne von Mann in einer Art Armeeuniform war das Erste, was Mickey beim Aussteigen aus dem Bus zu sehen bekam. Lauthals befahl der den Jungs, kaum dass sie aus dem Bus ausgestiegen waren, sich in Reih und Glied aufzustellen. Deutlich traten dabei aus seinem Stiernacken die Venen hervor. Sein Gesicht war puterrot.

Vor lauter Schreck begannen Mickeys Beine zu zittern. Niemand hatte ihm gegenüber auch nur mit einem einzigen Sterbenswörtchen erwähnt, dass er diesen Sommer an einem anderen Ort, in einem anderen Ferienlager verbringen würde. Nicht einmal den Hauch einer Andeutung, aus welchem Grund er seinen Sohn hierhinschicken würde, hatte Mickeys Vater je gemacht.

Wie es bei Kindern normalerweise geschieht, passte Mickey sich an. Den Kopf schor er sich kahl. In den Baracken schloss er Freundschaften. Er lernte, beim Bettenmachen sein Bett so herzurichten, dass das Betttuch fein säuberlich und ganz glatt in einem 45-Grad-Winkel unter den Matratzenecken eingeschlagen war. Und er lernte, ohne zu murren, im Morgengrauen Liegestütze zu machen. Zur eigenen Überraschung war Mickey zu dem Zeitpunkt, als der Bus ihn nach Hause zurückbrachte, eigentlich gar nicht mehr wütend. Vielmehr war er stolz, dass so ein »harter Bursche« aus ihm geworden war. Ihn freute es, dass sein Vater den Wunsch hatte, einen »richtigen Mann« aus ihm zu machen.

Auf *eine* Frage wusste er freilich nie eine Antwort zu geben: Warum hatte sein Vater ihm bloß einen so verdammt großen Schrecken einjagen wollen? War Larry nun bemüht, das wiedergutzumachen?

»Schulden bleiben im Universum niemals unbeglichen«, sagte Francisco. Offenbar war es für ihn ein Leichtes, sich auf Mickeys Gedanken einzustimmen. »Für jedes Guthaben, für ›positive Schulden‹ gewissermaßen, gilt das ganz genauso«, fügte er mit einem Lächeln hinzu.

Mickey schüttelte die unliebsame Erinnerung an jenes quasimilitärische Ausbildungslager von sich ab. Er warf kurz einen Blick zu Francisco hinüber: »Der Witz, den ich dir jetzt erzählen werde, ist der allerletzte Witz gewesen, der meinen Vater zum Lachen gebracht hat:

Ein Anwalt von der Wall Street strebt um jeden Preis den beruflichen Aufstieg an. Er schuftete wie ein Wahnsinniger, aber kein Mensch in der Firma schenkte ihm Beachtung. Eines Abends hält er es nicht länger aus. Also wendet er sich an den Teufel.

›In Ordnung, ich kann es hinbekommen, dass du in der Kanzlei zum Teilhaber wirst‹, sagt der Teufel. ›Im Gegenzug will ich allerdings die Seele deiner Frau, deiner Kinder, Enkelkinder und all deiner Freunde haben.‹

Der Anwalt denkt eine Sekunde lang nach: ›Und wo ist der Haken?‹«

Kurz zeigte sich auf Franciscos Gesicht ein Ausdruck von Belustigung. Doch dann schaute er nachdenklich drein. »Bei deinen Witzen geht es großenteils um Angelegenheiten, die dir womöglich Angst einjagen würden, falls du dich nicht über sie lustig machen würdest«, merkte er an. Könnte dieser Mann endlich einfach mal nur lachen, wünschte sich Mickey, statt immer zu versuchen, allem eine tiefere Bedeutung abzugewinnen. Auch an diesen Gedanken knüpfte Francisco umgehend an.

»Du glaubst, ich sei fürchterlich streng. Bin ich nicht«, erklärte er. »Ich führe dich lediglich aus der Finsternis heraus, in der ich dich vorgefunden habe.«

Mickey hatte etwas Versöhnliches erwartet. Das klang allerdings keineswegs versöhnlich.

»Was meinst du mit Finsternis?«, fragte er.

»Jenen Ort, an dem man sich einsam und verloren vorkommt.«

Mickeys Gesicht zuckte nervös. »Bin ich immer noch an jenem Ort?«, wollte er wissen.

Francisco nickte.

4

WORIN AUCH IMMER dieser Prozess bestehen mochte, eine beruhigende Wirkung übte er zweifellos nicht aus. Mickey war noch keine zwei Stunden zu Hause, da überkam ihn das Gefühl, gleich aus der Haut fahren zu müssen. Mit schnellen Schritten ging er auf und ab. Dann griff er zum Telefon und wählte eine Nummer. Der Signalton war einmal zu hören. Ein zweites Mal. Ein drittes Mal.

Er hatte die Nummer von Dolores gewählt, seiner ehemaligen Frau. Wenn sie an den Apparat ginge, würde er sagen: »Ich glaube, Larry passt auf mich auf. Ich bin weder betrunken noch durchgedreht oder dergleichen mehr. Ich habe einfach dieses Gefühl, und ich wollte, dass jemand davon erfährt.«

Beim fünften Klingeln hörte er ihre Stimme – von der Mailbox. Mickey hinterließ seine Mitteilung. Nicht etwa, weil er meinte, Dolores werde in irgendeiner Weise positiv auf diese reagieren. Aber keinesfalls würde sie anderen Leuten erzählen, er habe den Verstand verloren. Sie war der einzige Mensch, bei dem Mickey diese Gewissheit hatte. Zwischen Dolores und ihm gab es zwar durchaus das eine oder andere Problem. Mangelnde Loyalität gehörte indes nicht zu diesen Problemen.

Und was nun?

All das Gerede über Angst hatte ihn aufgewühlt. Einfach abschütteln konnte er das nicht. Er hatte keinen Appetit. Seine Haut fühlte sich kalt an. Allein zu sein war da nicht eben hilfreich.

Mickey griff nach den Autoschlüsseln. Im nächsten Moment stand er bereits in der Garage und überlegte, ob er lieber den Escalade oder seinen alten Porsche nehmen sollte, einen cremefarbenen Zweisitzer mit roter Lederausstattung. Der war, als er seinerzeit zuverlässig zu wissen meinte, dass der Erfolg nicht trügerisch, keine Eintagsfliege sein würde, seine erste größere Anschaffung gewesen. Er beschloss, den Porsche zu nehmen, und setzte ihn rückwärts aus der Garage.

Einen Ort zumindest gab es auf der Welt, an den er gehen konnte. Einen Ort, an dem er König war, an dem Angst keinerlei Bedeutung hatte.

KÖPFE DREHTEN SICH in seine Richtung, als Mickey eine heruntergekommene Bar in Nordhollywood betrat. Die Reklame für Miller Lite über dem Fenster war bestimmt dreißig Jahre alt; und das sah man ihr auch an. Einsam hing eine spiegelnde Diskokugel über der menschenleeren Tanzfläche.

Mickey war noch kaum zwei Schritte weit in den Raum hineingegangen, schon kam ihm der Barbesitzer freudestrahlend entgegengeeilt.

»Mickey, bist du's? Ich glaub's ja nicht.«

»He! Sol! Gibt's in deinem Schuppen immer noch die Talentprobe?«

»Klar, natürlich. Jeden Freitag. Und das weißt du noch? Muss schon fünfzehn Jahre her sein.«

Sol war ein Hollywoodkomparse im Ruhestand. In den alten Zeiten, als Filme noch Filme waren, hatte er sich vor Jobangeboten kaum retten können. »Schau dir dieses Gesicht an«, pflegte er zu sagen. »Ich kann Italiener spielen, Juden, Indianer. Du darfst es dir aussuchen. Einmal habe ich einen Anruf erhalten, weil ich Jeronimo spielen sollte. Die Nase macht's. Die Kamera liebt meine Nase.«

»Erinnerst du dich noch an meinen ersten Witz?«, fragte Mickey. Er wies auf die Bierreklame für Miller Lite über dem Fenster und wiederholte den Gag: »Wisst ihr, warum sich in dieser Bar Vampire rumtreiben? Sie können jederzeit vorbeikommen und ein Blood Lite bestellen.«

Lachend schüttelte Sol den Kopf. »Ja, an dem Abend warst du wirklich ein totaler Flop.«

Aber so blieb es nicht lange. Zu jener Zeit war Mickey gerade mal neunzehn Jahre alt gewesen. Er hatte das Studium hingeschmissen und lief in abgewetzten Jeans rum. Damals wusste er nicht viel von der Welt. Eines wusste er jedoch im Grunde seines Herzens: Er konnte witzig sein. Und in einer Spelunke in Nordhollywood durfte, so hatte er einer Annonce in einer lokal verbreiteten Gratiszeitung entnommen, am Freitagabend jeder ran ans Mikrofon.

Wie sich damals schnell rausstellte, war das dort ein Anziehungspunkt für eine Reihe grottenschlechter Möchtegernkomiker – und für Mickey.

Nun schaute er sich um. Etwa ein Drittel der Tische war besetzt.

»Wie wär's, wenn ich heute Abend hier einen Auftritt hinlegen würde, halb so lang wie meine reguläre Show?«, fragte Mickey.

Sol machte ein betretenes Gesicht. »Heute haben wir nicht Freitag. Hier ist tote Hose. Du hättest mir besser vorher was sagen sollen.«

Doch plötzlich dämmerte Sol, dass er da gerade einen der größten Comedystars des gesamten Showbusiness in seinem Laden hatte. Also rief er dem Barkeeper zu, er solle Mickey geben, wonach immer der verlange. Dann verschwand Sol. Eine Minute später kehrte er zurück, das Mikro und den Mikrofonständer in der Hand. Mickey nahm das Mikrofon und begab sich ans andere Ende des Raumes. Die Gäste schauten auf, mussten aber erst zweimal hinsehen, bevor sie ihren Augen trauten.

»Leute, das ist für Sol, bei dem ich meine ersten Gehversuche auf der Bühne unternommen habe.« Während Mickey mit seiner Show loslegte, machten die Leute im Publikum eifrig vom Handy Gebrauch: um Mickey zu fotografieren, nicht zuletzt aber um Freunde und Bekannte über diesen unangekündigten Auftritt zu informieren. Als Mickey in seiner Show beim sechsten Witz angelangt war, tauchten im

Publikum nach und nach immer neue Gesichter auf. Eine halbe Stunde später war der Laden rappelvoll. Die Leute konnten kaum noch an sich halten vor Lachen, sie fanden Mickey einfach hinreißend.

Er aber war nur dort, um sich ein wenig Zerstreuung zu verschaffen. Darüber war er sich sehr wohl im Klaren. Das allerdings klappte – wenigstens das. Er hatte inzwischen ein Gefühl, als ob er sich in einem Rausch befände. Wie Butter flutschten ihm die Einzeiler von der Zunge. Fehlte nicht viel, und er hätte auch einen Witz über die beiden großen Wachhunde, die »Killerbestien«, in die Show mit einfließen lassen. Doch stattdessen ließ er sich allerlei zum Thema Religion einfallen.

»Ich bin gerade zurück von einer Tournee durch den Mittleren Westen. Gibt es heute Abend hier den einen oder anderen Lutheraner?«

Hinten im Publikum ging eine Hand hoch.

»Okay, Leute. Dann werde ich von jetzt an langsamer sprechen.«

Es lief so traumhaft gut bei ihm, da hätte er die Gags getrost auch in Urdu erzählen können. Niemanden hätte es gekümmert.

»Mein Großvater ist der religiöseste Mensch, den ich kenne. Er sagt: Wenn Gott gewollt hätte, dass der Mensch fliegt, hätte er uns Flugtickets mitgegeben.« Dieser Gag stammte noch aus jener Zeit, als er Unterstufenschüler auf der Junior High School war. Mickey hatte es jederzeit drauf, Gags und

Pointen aus sämtlichen Phasen seines Lebens hervorzuholen. Sein Geist produzierte Einzeiler in einem derartigen Tempo, dass die Zunge damit gar nicht Schritt halten konnte.

»Gott, sagen die Leute, hört uns nicht zu – antwortet allerdings auf Knie-Mail.«

»Ihr alle kennt den goldenen Schnitt: In wessen Händen sich das Gold befindet, der macht den dicken Schnitt.«

»Das Problem mit den Fundamentalisten ist, dass neunundneunzig Prozent von ihnen dem Rest den Ruf ruinieren.«

Irgendwann aber musste er schließlich doch zu einem Ende kommen. Den Schlussakkord wollte er mit einem Witz setzen, bei dem ein Raunen durch den gesamten Raum gehen würde: »*Ahhh*.« Ein wohlig warmes Raunen.

»Als Kind hab ich eine katholische Schule besucht. Eines Tages stand ich wie üblich vor dem Mittagessen in der Warteschlange. Ein ganzer Berg Äpfel lag für uns bereit. Drohend hob die Aufsicht führende Nonne den Finger: ›Nur einen, nicht mehr! Gott passt ganz genau auf.‹

Also hab ich mir einen Apfel genommen und bin in der Warteschlange weiter vorgerückt. Auf dem nächsten Tisch lagen dann jede Menge Schokosplitterkekse für uns bereit. Während ich noch überlegte, was ich machen sollte, flüsterte der Junge hinter mir: ›Pssst, nimm dir, so viel du willst. Gott ist damit beschäftigt, die Äpfel im Auge zu behalten!‹«

Mickey erhielt sein »*Ahhh*«. Außerdem den ganz großen Applaus.

Als er von der Bühne ging, kam Sol ihm entgegengelaufen. Mit Tränen in den Augen umarmte ihn der Alte. Anschließend saßen die beiden an der Bar, während die Menge Mickey belagerte, um ein Autogramm zu ergattern. Niemand wollte nach Hause gehen, ohne ihm zuvor wenigstens einen Drink spendiert zu haben.

An Francisco zu denken wäre Mickey gar nicht in den Sinn gekommen.

Es wäre ein perfekter Abend gewesen, hätte Mickey nicht bei der Rückkehr zum Auto an der Windschutzscheibe einen Strafzettel vorgefunden. Er mochte seinen Augen kaum trauen. Dann aber regte er sich unwahrscheinlich auf: Was für ein Volltrottel von Polizist verteilt denn nach Mitternacht noch Strafmandate?

Als er sich hinüberbeugte, um den Zettel von der Windschutzscheibe zu holen, sah er jedoch, dass es sich gar nicht um einen Strafzettel handelte. Es war ein zusammengefaltetes Blatt weißen Papiers. Mickey lief, während er es auseinanderfaltete, ein Schauer über den Rücken.

Ich wahre dein Geheimnis, du zahlst mir den Preis.

Falls nicht, bringt's dich, das weißt du, ganz schnell aus dem Gleis.

Schutz ist echter Gegenwert, nicht nur 'ne Phrase.

Leer bleibt das Leben, läuft's nicht nach deiner Nase.

Wer bin ich?

Mickey knüllte die Notiz zusammen und warf sie durch das geöffnete Wagenfenster in hohem Bogen hinaus ins

Dunkel der Nacht. Ihm war ganz elend zumute: Anscheinend beobachtete ihn Francisco. Und der zweite Rätselspruch, das lag ja wohl auf der Hand, sollte Mickey offenbar in Unruhe versetzen und verunsichern. Warum sonst wäre die Mitteilung im Stil eines Erpressungsschreibens abgefasst worden?

LÄNGERE ZEIT FAND Mickey keinen Schlaf, weil er über den Rätselspruch nachsann. Irgendwie konnte er gar nicht anders. Als vormittags um zehn das Telefon klingelte, weil Dolores ihn zurückrief, lag er noch im Bett.

»Bist du sicher, dass bei dir alles in Ordnung ist? Du hast mir auf dem Anrufbeantworter eine wirklich merkwürdige Nachricht hinterlassen«, meinte sie.

»Du kennst mich, ich bin immer cool«, entgegnete Mickey.

Dolores lachte: »Ja, ich kenne dich. Darum rufe ich dich zurück.«

Das war keineswegs eine Abfuhr. Gleich bei ihrer ersten Begegnung hatte Dolores sich zu Mickey hingezogen gefühlt. Damals stand er kurz vor dem Durchbruch zur großen Popularität, was dazu führte, dass er im Umfeld schöner Frauen nun um einiges draufgängerischer auftrat. Eine große gertenschlanke Brünette wie sie wäre vorher in einer ganz anderen Liga unterwegs gewesen. Dolores gefiel sein kesses Auftreten – während er ihr den Hof machte und auch noch lange Zeit danach.

»Was bringt dich auf den Gedanken, dass Larry dich vom Himmel aus beobachtet?«, wollte sie wissen.

»Weiß nicht«, erwiderte Mickey ausweichend. »Ich befand mich in einer eigentümlichen Stimmung. Vielleicht hatte es mit den Umständen seines Todes zu tun. Er war so einsam und allein, als er starb, niemand in seiner Nähe.«

Dolores hatte vom Tod seines Vaters gewusst. Allerdings lebte sie jetzt in Connecticut. So kurzfristig zur Bestattung zu kommen war ihr nicht möglich gewesen.

»Mickey, ich möchte nicht wieder in die ganze Angelegenheit mit dir hineingeraten«, sagte sie. »Aber du glaubst ja noch nicht mal an ein Leben nach dem Tod. Du bist kein Kirchgänger. Du bist ein Paradebeispiel für jemanden, der meint: ›Das Leben ist echt Scheiße – und dann stirbst du.‹ Falls du jetzt tatsächlich glaubst, dass Larry dich beobachtet, ist da irgendwas vorgefallen bei dir.«

»Eigentlich nicht.«

»Sagst du die Wahrheit?«

»Schon gut, schon gut.« Mickey atmete einmal tief durch. »Nachdem Larry gestorben ist, hat er mir, glaube ich, einen Besuch abgestattet. Er hatte mir etwas mitzuteilen.«

»Wirklich?«

»Du glaubst wohl, ich bin nicht ganz bei Trost?«

»Vielleicht.«

Dolores sagte das in einem neutralen Tonfall, als könne sich die Situation in die eine oder in die andere Richtung weiterentwickeln. Immer schon war sie äußerst vernünftig gewesen. »Worin bestand seine Mitteilung?«

»Gott lacht immerzu.«

Pause … Mickey hatte nicht die leiseste Idee, was in ihr vorging. »Was soll das heißen?«, wollte Dolores wissen.

»Es heißt, dass alles in Ordnung ist. Larry will die Menschheit wissen lassen, dass wir uns viel zu viele Sorgen machen.«

»Wirklich reizend. Aber seit wann wird man, wenn man stirbt, vom einen auf den anderen Moment zu einem klugen Kopf?«

War Dolores so überaus vernünftig? Oder versuchte sie, sich über Mickey und die ganze Situation lustig zu machen? Eigentlich hatte Mickey sich ja mit der ganzen Angelegenheit gar nicht mehr befassen wollen. Nachdem er sich jetzt jedoch einem anderen Menschen anvertraut hatte, konnte er das nicht mehr einfach auf sich beruhen lassen.

»Larry hat mich wirklich kalt erwischt«, sagte er. »Klar, Gott war immer schon ein Furcht einflößender Schweinehund. Das ist mir bereits in der Kindheit klar geworden. Vielleicht erschafft er ja auch nicht all die entsetzlichen Dinge auf der Welt. Andererseits rührt er aber keinen Finger, um ihnen Einhalt zu gebieten.«

»So seh ich das nicht«, meinte Dolores. »Natürlich hast du mich auch nie danach gefragt.«

Das stimmte. Mickey wäre es nie in den Sinn gekommen, dass sie sich den kleinsten Deut mehr um Gott scherte, als er es tat.

»Wie siehst du es?«, fragte er sie.

»Das willst du ja gar nicht wissen.«

»Aber gewiss doch. Ich versuche gerade, dir begreiflich zu machen, dass ich die Dinge überdenke.«

Etwas an seinem Tonfall – ein Hauch von Aufrichtigkeit, ein seltenes Zeichen von Verletzlichkeit – veranlasste Dolores, in ihren Ausführungen fortzufahren. »Ich glaube, die Welt hat eine Chance gehabt, vollkommen zu sein. Diese Chance haben wir dann jedoch vertan. Wir leben nun in dem Schlamassel, den wir mit all unseren früheren Verfehlungen angerichtet haben. Dieser riesige Müllberg türmt sich derart hoch auf, dass er uns die Sicht versperrt. Wir haben uns die Suppe eingebrockt, jetzt müssen wir sie auslöffeln.«

Aus ihrem Mund solche Dinge zu hören fand Mickey bestürzend. »Ich hätte nie gedacht, dass du derart pessimistisch bist«, sagte er.

»Bin ich gar nicht. Ich bin Realistin. Seit meinem sechzehnten Lebensjahr glaube ich nicht an Adam und Eva, und dem Teufel geb ich für überhaupt nichts die Schuld. Aber das ist hier gar nicht der springende Punkt, oder? Eine ›gefallene Welt‹ wäre mittlerweile längst ins Bodenlose gestürzt. Wir mögen uns zwar in einer Abwärtsbewegung befinden, doch aus irgendeinem Grund glaube ich weiterhin, dass wir vielleicht noch eine Chance haben.«

»Glaubst du das wirklich?«

Er spürte, dass sie am anderen Ende der Leitung nicht recht mit der Sprache rausrücken wollte. »Mickey, ich habe ein ungutes Gefühl dabei, wenn ich mit dir über solche Dinge rede.«

»Warum?«

»Willst du das tatsächlich wissen?«

»Auf jeden Fall.«

Dolores klang jetzt ausgesprochen ernst. »Du bist ein Komödiant, und Komödianten haben einen Hang zu Rücksichtslosigkeit. Du weißt schon: Alles für einen Lacher. Ich weiß nie, wann du mich vielleicht runterputzen wirst. Daher habe ich vor langer Zeit beschlossen, die wirklich privaten Dinge ganz für mich zu behalten.«

Gerade wollte Mickey ihr jene idyllischen Jahre, die sie gemeinsam verbracht hatten, in Erinnerung rufen. Aber bevor er den Mund aufmachen konnte, kamen ihm schlagartig Dolores' Tagebuchaufzeichnungen wieder in den Sinn: Wenn sie ihre Aufzeichnungen machte, schlug sie das Tagebuch just in dem Moment zu, in dem er den Raum betrat. Ihm kam in den Sinn, wie er einst Dolores, nachdem sie tausend Dollar für Mutter Teresas Waisenhaus in Indien gespendet hatte, darauf hinwies, was sie da ausgebe, sei sein Geld. Ferner, wie Dolores über die Kabbala sprach und welchen Ausdruck ihr Gesicht annahm, wenn er sie vor Fremden damit aufzog.

»Mir war nicht klar, dass du es so empfunden hast«, sagte er kleinlaut.

»Das liegt alles hinter uns, Mickey. Es ist in Ordnung.« Dolores' Stimme wurde sanfter. »Es klingt ganz so, als würdest du dich mit ein paar schwierigen Fragen auseinandersetzen. Vielleicht stehst du sogar im Begriff, dich zu verändern, Mickey.«

Sie plauderten noch ein paar Minuten lang. Nachdem Dolores aufgelegt hatte, lehnte Mickey sich zurück. Auf der Stelle hätte er in eine trübselige Stimmung abgleiten können, da klingelte es an der Tür. Dankbar für die willkommene Ablenkung sprang Mickey sogleich auf, um nachzusehen, wer geklingelt hatte. Als er die Tür öffnete, stand Francisco auf der Matte.

»Du siehst völlig niedergeschmettert aus«, stellte Francisco fest. Ohne eine Aufforderung abzuwarten, trat er ein.

»Meine Ex«, murmelte Mickey.

»Sie hat dich stets durchschaut. Eine gute Sache. Nur hast du es nicht so gesehen.« Es klang, als erwähne Francisco dies ganz beiläufig. Für eine Reaktion ließ er Mickey erst gar keine Zeit. »Du hast das zweite Rätsel?«

»Hab's weggeschmissen. Es ist mir schwer auf den Keks gegangen.«

Achselzuckend erwiderte Francisco: »Ich hab eine Kopie mitgebracht. Demnach hast du dich gekränkt gefühlt?«

»Es ist mir vorgekommen, als handle es sich um eine Art Schweigegeldforderung. Wie sonst hätte ich mich da fühlen sollen?«

»Das bleibt voll und ganz dir überlassen.«

Francisco zog ein Stück Papier aus seiner Cargohose. Jedes Mal trug er die gleichen Klamotten: kakifarbene Hosen und ein blaues Arbeitshemd. Das gab seinem Erscheinungsbild einen nüchternen, ja fast asketischen Anstrich. Man hätte durchaus an einen Mönch, der die Robe abgelegt hat, denken können.

Er las laut vor:

Ich wahre dein Geheimnis, du zahlst mir den Preis.
Falls nicht, bringt's dich, das weißt du, ganz schnell aus dem Gleis.

Francisco hob den Blick. »Du glaubst, du seiest nichts, ein Niemand. Darin besteht dein Geheimnis.« Dann las er die nächsten beiden Zeilen vor:

Schutz ist echter Gegenwert, nicht nur 'ne Phrase.
Leer bleibt das Leben, läuft's nicht nach deiner Nase.

Wer bin ich?

»Schutz hat in dem Fall nichts mit einer Schweigegeldforderung zu tun«, erklärte Francisco. »Vielmehr geht es hier um die eigenen Abwehrvorkehrungen, um die Mauern, um die Schutzwälle, hinter denen du dich vor dem Leben verschanzt hast.«

»Im Augenblick fühle ich mich nicht gerade besonders gut geschützt«, brummte Mickey.

All die Dinge, die Dolores ihm gesagt hatte, machten ihm

nach wie vor zu schaffen. Und nun war obendrein noch Francisco da.

Der großgewachsene Mann faltete das Blatt mit dem Rätselspruch wieder zusammen und reichte es Mickey. »Die Antwort hab ich auf die Rückseite geschrieben. Bloß für den Fall, dass sie dich interessieren sollte.«

Mickey drehte den Zettel um. Ein einziges Wort stand da zu lesen: »Ego.«

»Das kapier ich nicht«, sagte er. »Aber bevor du mit irgendwelchen Erklärungen loslegst, lass uns hier abhauen.«

»Trifft sich gut. Wollte ohnehin unbedingt noch woandershin mit dir«, erwiderte Francisco.

Mickey gab sich gar nicht erst den Anschein, als sei das für ihn ein Grund zur Freude. Nichtsdestoweniger ging er voraus zur Garage. Eine Minute später saßen sie bereits im Escalade, unterwegs zum Küstenhighway.

»Im gestrigen Rätsel ging es um Angst, das heutige befasst sich mit dem Ego«, sagte Francisco. »Frag dich einmal selbst: Warum sollte ein Mensch beschließen, Angst zu haben? Angst macht die Welt zu einem bedrohlichen und unsicheren Ort. Wenn Angst jedoch lediglich eine Illusion ist, warum sollte dann jemand an ihr festhalten?«

»Keine Ahnung.«

Francisco tippte mit dem Finger gegen die Hemdtasche, in die Mickey den Zettel gesteckt hatte. »Ego. Das Ego lässt dich glauben, dass du die Zügel in der Hand hältst und das bekommst, was du haben willst. Nach einer Weile wird die

Angst verdrängt. Immerhin gilt es für dich, ein Selbstbild aufrechtzuerhalten. Für dich ist es unerlässlich, dass andere Menschen an dich glauben. Geld, gesellschaftliche Stellung, Besitz, Familie – all das will man sein Eigen nennen. Solange das Ego einem den Köder immer weiter vor der Nase herumbaumeln lässt und pausenlos für Dramen sorgt, braucht man sich mit dem, was unter der Oberfläche verborgen liegt, nicht auseinanderzusetzen.«

»Nicht jeder hat ein großes Ego«, wandte Mickey ein. Denn er nahm an, Francisco habe das auf ihn gemünzt.

Francisco schüttelte den Kopf. »Ob man ein übersteigertes Selbstbewusstsein hat oder nicht, darauf kommt es gar nicht so entscheidend an. Das zu veranschaulichen ist heute unser Ziel.«

Dem gab es, während sie die nächsten paar Kilometer zurücklegten, eigentlich nichts weiter hinzuzufügen. Francisco forderte Mickey in Santa Monica auf, vom Highway abzufahren. Dort stellten sie den Wagen auf einen städtischen Parkplatz. Bis zu einer nahe gelegenen Fußgängerzone waren es vom Parkplatz aus dann nur noch wenige Schritte.

»Also gut«, sagte Francisco. »Ich will, dass du zu den Leuten hingehst und ihnen einen Witz erzählst. Darauf bist du doch spezialisiert. Daher sollte es nicht allzu schwierig für dich sein.«

»Das ist alles?«, fragte Mickey misstrauisch.

»Das ist alles.«

Mickey erhob keinen Einwand. Er entdeckte eine Frau jenseits der dreißig mit einer teuren Sonnenbrille. Sie unternahm gerade einen Schaufensterbummel und machte einen aufgeschlossenen Eindruck. Mickey ging zu ihr hinüber.

»Verzeihen Sie«, sagte er. »Heute erzähle ich unentgeltlich Witze, um die Menschen aufzuheitern. Wollen Sie einen hören?«

Die Frau sah einigermaßen verdutzt aus, war aber einverstanden.

Aufs Geratewohl erzählt Mickey ihr den erstbesten Witz, der ihm in den Sinn kommt: »Wissen Sie, was Liebe auf den ersten Blick ist? Vermeidung jeder Zeitverschwendung.«

Die sonnenbebrillte Frau runzelte die Stirn. »Wie geschmacklos!«, meinte sie und wich vor ihm zurück.

»Warten Sie doch!«, sagte Mickey. Aber sie hatte ihm schon den Rücken gekehrt und wechselte rasch die Straßenseite. Völlig perplex stand er da. Was für ein blöder Witz. Warum hatte er ihr denn ausgerechnet den aufgetischt?

Aus fünf oder sechs Metern Entfernung nickte Francisco ihm aufmunternd zu. »Such dir einfach jemand anderen«, sagte er.

Mickey schaute sich um. Ein älteres Paar kam in seine Richtung. Die beiden wirkten ziemlich locker. Also ging er auf sie zu.

»Ich würde Ihnen gern einen Witz erzählen«, sagte er.

Ihre Reaktion zeugte von einer gewissen Nervosität. »Sind wir im Fernsehen?«, fragte die Frau und schaute in die Runde.

»Nein, warum?«

»Wir wissen, wer Sie sind. Sie sind berühmt«, setzte der Mann hinzu. »Warum sollten Sie da ausgerechnet mit uns reden?«

Mickey merkte, wie er schlagartig wieder an Selbstbewusstsein gewann. »Seien Sie unbesorgt, meine Herrschaften. Mir steht nur gerade der Sinn danach, einen Witz zu erzählen«, erklärte er. »Anschließend gebe ich Ihnen gern ein Autogramm.«

Die Frau lächelte. Denn sie hatte das Gefühl, jetzt endlich zu wissen, woran sie war. »Prima«, meinte sie und begann, ihre Handtasche nach einem Stift und einem geeigneten Blatt Papier zu durchforsten.

»Ausgezeichnet. Der hier ist extra für Sie«, sagte Mickey. »Was kommt dabei raus, wenn man eine Maus mit einem Löwen kreuzt? Eine Maus, auf der niemand herumhackt.«

Das Paar hatte erwartungsfroh gelächelt. Nun wich das Lächeln betretenem Schweigen.

»Warten Sie«, sagte Mickey hastig. »Das war lediglich ein Probedurchgang.«

Das Paar sah aus, als habe es wieder Hoffnung geschöpft. Mickey hingegen bemerkte, dass er unter den Achseln transpirierte. Eilends ging er im Geist all die abrufbereiten Witze durch.

Was ist rot und nicht da? Keine Tomaten.

Warum gehen Ameisen nie in die Kirche? Weil sie In Sekten sind.

Wer war der erste Archetyp? Noah.

Wo kam denn um Himmels willen bloß all dieser Schrott her? »Noch einen Moment, bitte«, sagte Mickey. Angestrengt dachte er nach.

In zwei Lebensabschnitten versteht ein Mann die Frauen nicht: vor der Hochzeit und nach der Hochzeit.

Was liegt am Strand und spricht undeutlich? Eine Nuschel.

Mickey war verdattert. Er sah, dass die Frau ihm Stift und Papier hinhielt. »Nicht schlimm«, meinte sie. »Wenn Sie uns Ihr Autogramm geben, reicht das schon.«

»Nein, nein«, rief Mickey. »Jetzt hab ich einen – einen wirklich guten.« Ihm fiel geradezu ein Stein vom Herzen. Egal, was für ein Schnippchen ihm sein Geist da geschlagen haben mochte, jetzt hatte er den Faden endlich wieder aufgenommen.

»Was ist groß und gelb und liegt auf dem Rücken? Ein toter Schulbus.«

Der Mann reagierte daraufhin richtig erbost. »Irgendwo *ist* da ein verstecktes Mikrofon. Sie wollen, dass wir wie die Deppen dastehen«, warf er ihm vor.

Allmählich geriet Mickey in Panik. »Überhaupt nicht«, entgegnete er.

Der Mann fiel ihm ins Wort. »Ich kenne solche Sendungen. Nein danke, ohne uns!«

Er packte seine Frau am Arm und zog sie fort. Währenddessen warf sie Mickey über die Schulter einen letzten Blick zu. Ihr tat es leid. Mickey konnte ihr das Bedauern von den Augen ablesen.

Francisco kam zu ihm: »Was war das jetzt für ein Gefühl?«, fragte er.

Aufgebracht drehte Mickey sich um: »Ein saublödes. Was glaubst du denn, wie sich das angefühlt hat? Du hast mir das eingebrockt, oder etwa nicht?«

Mit einer Unschuldsgeste öffnete Francisco die leicht erhobenen Hände. »Ich habe einfach nur dagestanden.«

Mickey wollte ihn runterputzen. Stattdessen überkam ihn jedoch ein Gefühl der Beschämung.

»Das wird mir hier echt zu viel«, beklagte er sich. »Es ist eine Katastrophe.« Von der Schlagfertigkeit und dem Sprachwitz hing sein gesamter Lebensunterhalt ab. Mickey schloss die Augen und versuchte, sich wieder zu fangen. Eigentlich wusste er ja genau, wie er Zugang zu seinem Material fand.

Wie nennt man einen Keks, der bei Sonnenschein unter einem Baum liegt? Ein schattiges Plätzchen.

Wie verwandelt man Suppe in Gold? Indem man zwei Dutzend Möhren hinzufügt.

O Gott. Was ihm da im Moment so einfiel, bereitete ihm regelrecht körperliches Unbehagen.

»Nimm dich zusammen«, sagte Francisco.

Mickey warf ihm kurz einen prüfenden Blick zu. Francisco machte nicht den Eindruck, als würde er grinsen oder sich auf Mickeys Kosten amüsieren. Mickey atmete ein paarmal tief durch, bis das Gefühl, in einem Albtraum festzustecken, wieder zu schwinden begann.

»Du wolltest versuchen, mir etwas zu sagen. Was war es?«

»Gut fühlt sich dein Ego nur, wenn du richtig auf Draht bist. Läuft bei dir alles wie am Schnürchen, dann bist du lebendig. Ich wollte, dass du spürst, wie es sich anfühlt, wenn du nicht auf Draht bist.«

»Nicht auf Draht zu sein ist das Letzte, was ich gebrauchen kann«, protestierte Mickey.

»Ich weiß. Das steht in dem Rätsel.« Francisco las die beiden letzten Zeilen erneut vor:

Schutz ist echter Gegenwert, nicht nur 'ne Phrase.
Leer bleibt das Leben, läuft's nicht nach deiner Nase.

»Das Ego hält dich in einem Teufelskreis gefangen«, erklärte er. »Es versorgt dich mit dem, was du willst. Es hält dich auf Trab, sorgt dafür, dass ein Wunsch auf den anderen folgt. Das Spiel des Ego gleicht jedoch einem leckgeschlagenen Boot. Dich über Wasser zu halten gelingt dir nur, wenn du das Wasser schneller herausschöpfst, als das Boot sinkt. So geht das ein Leben lang, von der Geburt bis zum Tod. Jeden Tag jagt man etwas Neuem hinterher. In deinem Fall besteht die große Verlockung in Anerkennung. Je mehr du davon erhältst, desto mehr willst du haben. Ein niemals enden wollender Strom von Menschen, die dich mögen – so sieht deine Vorstellung von Erfolg aus.«

»Also?«

»Möge Gott also verhüten, dass du aufhören müsstest, das Spiel des Ego zu spielen. Denn was würde dann geschehen?«, fuhr Francisco fort. »Du hättest Angst. In der Stille des eigenen Geistes würde nun nicht mehr ein Gedanke den anderen jagen, das ganze Räderwerk sich nicht mehr so rasend schnell drehen. Eine Stimme würde sich aus der Finsternis erheben und dir ins Ohr flüstern: ›Niemand schert sich darum, wer du bist. Du bist nichts.‹«

»Vielleicht *bin* ich nichts«, sagte Mickey traurig. »Du hast mich ja vorhin da drüben gesehen.«

»Im Augenblick ist das deine Wahrheit«, meinte Francisco. »Doch es gibt noch eine andere Wahrheit, eine bessere.«

»Ich höre.«

»Keineswegs bist du nichts. Im Grunde bist du alles. Buchstäblich. Könntest du aufhören, permanent auf Draht zu sein, würde dein Sein sich öffnen und weiten – bis es das gesamte Universum ausfüllen würde. Das klingt unglaublich. Ich weiß. Bist du bereit, dir noch etwas vor Augen führen zu lassen?«

Mickey nickte. Die Fußgängerzone ließen sie nun hinter sich. Wenige Augenblicke später sagte Mickey: »Meiner Ex hab ich erzählt, dass ich begonnen habe, mir die eine oder andere Frage zu stellen.«

»Hat sie dir geglaubt?«

»Anscheinend hat sie geglaubt, vor mir liege noch jede Menge Arbeit.«

»Erwarte bloß nicht, dass jemand anderes erkennt, was in dir vorgeht«, warnte Francisco. »Der Prozess ist etwas ganz Persönliches; selbst wenn er jedes Mal nach dem gleichen Muster abläuft.«

»Nämlich wie?«

»Wenn es mit größerem Leid verbunden ist, derselbe zu bleiben, statt ein anderer zu werden, verändert man sich.«

Francisco lächelte – und für einen verschwindend kurzen Augenblick nahm Mickey ein Gesicht hinter demjenigen des Fremden wahr: Larry. Sein Vater beobachtete ihn nach wie vor. Er befand sich noch nicht im Himmel. Offenbar gestatteten »sie« ihm, noch ein wenig länger mit seinem Sohn in Verbindung zu bleiben. Im nächsten Moment war dieser flüchtige Eindruck von Larrys Gesicht schon nicht mehr vorhanden. Francisco ging voraus, zurück zu der Stelle, wo der Wagen auf dem Parkplatz stand. Mickey setzte sich hinters Steuer.

»Wohin nun?«, wollte er wissen.

»Wir brauchen ein Fachgeschäft, das Damenkleidung im Sortiment hat.«

»Warum hast du das nicht vorher gesagt«, meinte Mickey. »Geschäfte für Damenbekleidung gibt's an jeder Ecke.«

Francisco schüttelte den Kopf. »Nicht solche, die meine Größe führen.«

Mickey stellte keine weiteren Fragen. Er drehte den Zündschlüssel im Zündschloss. Fauchend und röhrend erwachte der große Cadillac zum Leben.

5

MICKEY HATTE EINE Vorstellung, eine ungefähre jedenfalls, wo unter Umständen Damenbekleidung in Übergröße erhältlich sein könnte. Eigentlich war er mit seinen Gedanken jedoch gar nicht so sehr bei dieser Frage.

»Werde ich wohl je wieder richtig auf Draht sein?« fragte er Francisco.

»Wir werden sehen«, antwortete der. »Momentan nimmst du dir jedenfalls gerade eine Auszeit von deinem Dasein als Mickey Fellows.«

»Genau mit diesem Dasein verdiene ich aber meinen Lebensunterhalt«, entgegnete Mickey und gab sich größte Mühe, jeglichen Anklang von Panik in der Stimme zu vermeiden.

»Ja, ja, allerdings ist das lediglich eine Rolle, die du übernommen hast. Solange dir klar ist, dass du da bloß deinen Part übernimmst, geht das auch in Ordnung. Wer du wirklich bist, hat aber mit einer Rolle rein gar nichts zu tun.«

Sie standen direkt vor einer roten Ampel an einer sehr belebten Ecke des Santa Monica Boulevard. Francisco deutete auf ein halbes Dutzend Fußgänger auf dem gegenüberliegenden Bürgersteig.

»Diese Menschen sind in ihrer Rolle ebenso gefangen wie du.«

Mit einer Kopfbewegung wies er auf einen Teenager, der mit einem Skateboard unterm Arm darauf wartete, dass die Ampel auf Grün schaltete. Gleich neben ihm ein Mann mittleren Alters im grauen Straßenanzug.

»Der Junge dort hält sich für einen Rebellen. Und der Geschäftsmann neben ihm ist in seinen Augen ein Auslaufmodell. Aus dem Blickwinkel des Geschäftsmannes betrachtet, ist der Junge hingegen ein verantwortungsloser Faulenzer, der sich gegen das Erwachsenwerden sperrt. Aber das ist alles bloß Egopalaver. Das Ego will sich überlegen fühlen. In Wahrheit gleichen die beiden einander beinahe wie ein Ei dem anderen.«

Die Fußgängerampel zeigte nun Grün. Die Leute verließen den Bürgersteig. Vor Mickeys Wagen überquerten sie die Straße. »Betrachte sie ausnahmslos als einander gleich!«, sagte Francisco. »Dadurch würde sich alles verändern.« Er warf Mickey kurz einen Blick zu. »Du glaubst mir nicht.«

»Ich sehe lediglich einen Haufen fremder Menschen. Wahrscheinlich haben sie nichts miteinander gemein.«

»Jeder von ihnen ist eine Seele«, meinte Francisco. »Nichts anderes zählt für mich. Entweder bist du eine Person, die sich fragt, ob sie eine Seele hat. Oder du bist eine Seele, die weiß, dass ein solches Dasein als Person einer realen Grundlage entbehrt.«

Mickey schaute sich an, wie der Teenager auf sein Skateboard sprang. Er sah die missbilligenden Blicke derjenigen, an denen er haarscharf vorbeirauschte. Für seine Umgebung hatte der Skater allerdings keinen Sinn. Gedankenverloren blieb er ganz in *seiner* Welt. Kurz bevor er auf der anderen Straßenseite angekommen war, vollzog er unversehens eine Richtungsänderung. Anschließend nahm er auf der Straße die rechte Fahrspur für seine rasante Fahrt in Anspruch. Erst als mehrere Autofahrer hupten, folgte ein weiterer Schlenker, sodass er mit einem kleinen Sprung schließlich wieder auf dem Trottoir landete und dort die Fahrt fortsetzte.

»Das Hupen der Autofahrer«, merkte Mickey an, »ist aber nicht an eine Seele adressiert.«

»Das sagst du, weil du dir, zur Freude des Ego, das Rollenspiel zu eigen machst. Das Ego hat in dein Selbstbild viel investiert – alles, genauer gesagt.«

Ihre Ampel sprang auf Grün. Mickey setzte den Escalade in Bewegung. »Ich will nicht so sein wie alle anderen. Du bezeichnest das als Ego. Ich sage: Ich will ich selbst sein. Wo liegt da das große Problem?«

Darauf ging Francisco im Moment nicht weiter ein. Seine Aufmerksamkeit galt den Einkaufsstraßen und Geschäften, die auf beiden Seiten die Straße säumten.

»Da ist ein Minimarkt. Fahr dort in die Einfahrt hinein«, sagte er.

»Ich dachte, du wolltest zu einem Bekleidungsgeschäft«, hielt Mickey entgegen, bog aber dennoch in die Grundstückszufahrt ein.

»Das hier ist im Moment wichtiger«, erwiderte Francisco und stieg aus. Er ging mit Mickey zum Eingang des Minimarkts.

»Ich möchte, dass du dich jetzt hier hinstellst«, erklärte er. »Halt jedem, der reingeht oder rauskommt, die Tür auf. Zieh die Aufmerksamkeit der betreffenden Person/en auf dich. Sobald sie dich bemerken, hältst du die Hand auf für ein bisschen Kleingeld.«

»Wie bitte?« Wohl kaum etwas anderes hätte Mickey mehr gegen den Strich gehen können.

»Du glaubst, du würdest wieder gedemütigt. Versuch einfach, dich von allen möglichen Annahmen und Vorstellungen frei zu machen. Bis später.«

Auf dem Absatz machte er kehrt und ging fort. Mickey blieb seiner ungeliebten Bewährungsprobe überlassen. Andauernd kamen oder gingen Kunden. Da ihm so im Grunde gar nicht die Zeit blieb, die Angelegenheit mit sich selbst auszudiskutieren, beschloss er kurzerhand, er werde einfach Franciscos Wunsch nachkommen. Eine ältere Dame, eine Farbige, näherte sich dem Laden. Schnell machte Mickey ein paar Schritte, um vor ihr an der Tür zu sein, und hielt sie ihr auf. Er lächelte nervös. Die Frau nickte, schenkte ihm kurz einen Blick. Aber das war's. Erleichtert nahm er zur Kenntnis, dass sie keine weitere Reaktion zeigte.

Eine halbe Minute später verließen zwei Jungs, beide vielleicht gerade im Collegealter, das Geschäft. Als Mickey ihnen die Tür öffnete, grinsten sie und gingen fort, ohne ihn eines weiteren Blickes zu würdigen.

Ein Lieferant parkte seinen Kleinbus in der zweiten Reihe und hastete dann im Laufschritt in den Laden. Mickey beobachtete, wie er einen Hotdog und eine Cola kaufte und währenddessen die ganze Zeit den Kleinbus im Auge behielt. Anschließend eilte er zum Fahrzeug zurück, ohne Mickey noch einmal anzusehen.

Kaum fünf Minuten waren vergangen. Allmählich wurde Mickey ruhiger. Die Hand für Kleingeld aufzuhalten, dazu hatte er sich allerdings noch nicht aufraffen können. Jemandem die Tür zu öffnen war im Unterschied dazu lediglich eine beiläufig erbrachte Höflichkeit. Dies zu tun war vielleicht schon ein bisschen seltsam, mit dem anstoßerregenden Schnorren jedoch nicht zu vergleichen.

Wirst du das nun machen oder nicht?, fragte er sich.

Eine Frau kam näher, die besser gekleidet aussah als das Gros der Leute und gerade ein Handytelefonat führte. Während Mickey ihr mit der einen Hand die Tür aufhielt, streckte er die andere mit nach oben gewendeter Handfläche in ihre Richtung. Sie schaute auf die Hand herab.

»Such dir 'ne Arbeit.«

Der Umstand, dass sie ihr Telefonat unterbrochen hatte, um ihm das zu sagen, und dieses Fauchen in ihrer Stimme ließen Mickey die Zornesröte ins Gesicht steigen. Beinahe hätte er verärgert das Weite gesucht, aber zwei weitere Personen näherten sich rasch. Mickey öffnete die Tür und hielt die Hand in ihre Richtung. Das Pärchen brach in Gelächter aus und ging an ihm vorüber.

Für einen kurzen Moment glaubte er, sie hätten ihn erkannt. Was für eine Story: Die beiden laufen einem berühmten Comedystar über den Weg, der da gerade eine total schräge Nummer abzieht.

Aber als sie wenig später wieder rauskamen, drückte der Mann ihm einen Vierteldollar in die Hand. »Du siehst eigentlich nicht so aus, als ob du das brauchst«, meinte er. »Ich hoffe, es ist nicht für Drogen.«

Der Mann betrachtete ihn noch einmal kurz mit todernster Miene, dann ging das Paar weiter. Auf einmal fiel bei Mickey der Groschen: Kein einziger Mensch hatte ihn erkannt. Demnach hatte Francisco wohl recht. All das glich einer Auszeit von seinem Dasein als Mickey Fellows. Was das tatsächlich bedeutete, wurde ihm, während er weiterhin die Tür öffnete und aufhielt, immer mehr bewusst. Die Menschen kamen und gingen. Ein paar gebärdeten sich feindselig, die meisten indes waren gleichgültig. Er erhielt noch einen Vierteldollar, zwei Zehncentmünzen und vier Eincentstücke. Niemand wusste, wer er war.

Letzteres wirkte, so fand Mickey mittlerweile, auf eine eigentümliche Weise befreiend. Nach einer halben Stunde kümmerte er sich nicht länger darum, wie die Kunden reagierten. Er verwandelte sich in einen unbeteiligten Beobachter, in jemanden, der sich einfach die vorüberziehende Parade anschaute. Das war für ihn eine neue Erfahrung.

Es amüsierte ihn, wenn gelegentlich jemand einen Blick auf seine handgefertigten italienischen Schuhe warf, die ein kleines Vermögen gekostet hatten, und die Betreffenden dann beim Anblick eines Bettlers in Designerschuhwerk ziemlich perplex dreinschauten. Ein alter Mann mit angegrautem Haar, ein Schwarzer, schaute ihn mit ärgerlichem Gesichtsausdruck an, als hätte Mickey ihm den Job vor der Nase weggeschnappt. Eine Frau, die aus einem Lexus ausgestiegen war, beäugte ihn von oben bis unten, als sei er womöglich ein geeigneter Kandidat für eine Verabredung oder dergleichen mehr.

»*In* der Welt, doch nicht *von* dieser Welt.«

Mickey drehte sich um, als er Franciscos Stimme vernahm.

»Ich glaube, du hast recht«, sagte er. »Ich bin ein Rumtreiber, ein Vagabund, ein Zugvogel. Niemanden kümmert's, wer ich bin. Wolltest du, dass ich dieses Gefühl kennenlerne?«

»Etwas in der Art.«

Francisco trug nun eine Einkaufstüte bei sich. Das registrierte Mickey noch, bevor er erneut zur Tür ging, um sie einer alten Dame zu öffnen, die mit ihrem Goldstück, einem Dackel, aus dem Laden kam.

»Hübscher Hund«, sagte er. »'n bisschen Kleingeld für mich?«

»Widerwärtiger Kerl«, schimpfte die alte Dame.

Mickey grinste Francisco an. »Ist das nicht toll? Selbst wenn sie schwere Geschütze auffahren, spüre ich das nicht.«

»Genug Spaß gehabt. Lass uns mittagessen gehen.«

Als sie wieder am Auto angelangt waren, bugsierte Francisco seine Einkaufstüte auf den Rücksitz. Nachdem Mickey eingestiegen war, fragte Francisco ihn: »Wie lange hat's gedauert, bis du nicht mehr das Gefühl hattest, gedemütigt zu werden?«

»Nicht lange, vielleicht eine Viertelstunde«, antwortete Mickey.

»Meinen Glückwunsch.« Francisco schien aufrichtig erfreut zu sein. In der Tat waren sie alle beide guter Dinge. Zwei Tage lang hatte Mickey den Eindruck gehabt, manipuliert zu werden: von einem Fremden, der sich so aufführt, als sei er von Magie und Geheimnis umwittert. Um an Magie glauben zu können, war Mickey wirklich schon zu lange im Showbusiness. Und dem Geheimnis stand er in der Folge ebenfalls ablehnend gegenüber. Ohne sich darüber im Klaren zu sein, hatte er allerdings zugelassen, dass beides sich wieder in sein Leben einschleichen konnte.

Sie kurvten in der Gegend rum, während er über diese Dinge nachsann.

»Als du am Strand zum ersten Mal auf mich zugekommen bist«, sagte er, »da hast du dir keine großen Gedanken über mich gemacht, stimmt's?«

»Ich habe Potenzial erkannt«, antwortete Francisco.

»Das beantwortet meine Frage nicht.«

»Für mich warst du einfach eine Person«, sagte Francisco.

»Aus deiner Perspektive war ich also ein Niemand.«

Zur eigenen Überraschung brach Mickey in Gelächter aus: »Mein ganzes Leben hab ich in dem Bemühen zugebracht, ein Jemand zu sein.«

»Hast du dich vorhin als ein Jemand gefühlt?«, wollte Francisco wissen.

»Nein, ich war quasi in Urlaub, hatte eine Auszeit, ganz wie du gesagt hast. Das gefiel mir. Genau darüber komme ich irgendwie nicht hinweg.«

»Allmählich beginnst du die Tricks und Kniffe deines Ego zu durchschauen. Wie zutiefst entspannend es doch ist, den scheinbar niemals enden wollenden Anforderungen von ich/mich/mein zu entgehen. Dann atmet man einfach unbeschwerter«, meinte Francisco.

»All die Zeit über ein Niemand zu sein, darin besteht also das große Geheimnis?«, fragte Mickey.

»Ganz so einfach ist es nicht. Auch ein Niemand hat ein Ego. Nur ist es bei einem Niemand zunichtegemacht. Deines hingegen sorgt für Randale.«

Mickey hätte verletzt sein können. Stattdessen grinste er jedoch. »Ich bin froh, dass du dich anschickst, mich richtig hinzubiegen.«

Er hatte das Gefühl, dass diese Bemerkung bei Francisco, der gleich darauf verstummte und wortlos aus dem Beifahrerfenster blickte, gar nicht gut angekommen war. Aber alles, was Francisco wenig später sagte, war: »Erzähl mir einen Witz.«

»Ich kann nicht«, erwiderte Mickey. »Du hast da was mit meinem Gehirn gemacht.«

»Versuch's trotzdem.«

Widerstrebend ging Mickey in sich: an jenen Ort, an dem er sein Material fand – einen Ort, der sich jetzt sonderbar leer anfühlte. Ein Witz fiel ihm aber dennoch ein.

Ein böser Zauberer bringt eine bildschöne Prinzessin in seine Gewalt und hält sie in seinem Kerker gefangen. Herzzerreißend fleht sie ihn an, er möge sie doch freilassen. Daraufhin erklärt der Zauberer: »Jedem Ritter werde ich die Chance geben, dich zu retten. Freilich nur unter einer Bedingung.«

Er deutet auf das verdreckte Sackleinen, das seinem Hund als Lagerstätte diente. »Aus diesem Sackleinen musst du dir ein Kleid nähen, das du bei Tag und bei Nacht trägst.«

Die Prinzessin erklärt sich damit einverstanden. Jeden Tag kommt nun ein anderer Ritter in blitzender Rüstung zu ihrem Verlies. Doch nachdem die Ritter einen Blick auf sie geworfen haben, reiten sie wieder fort.

Die Prinzessin ist verwirrt: »Was stimmt denn nicht mit mir?«, fragt sie den Zauberer. »Bin ich etwa nicht schön?«

»Das ist nicht der Punkt«, erwidert der Zauberer. »Eine Maid, so angezogen, wie du es bist, mag einfach kein Ritter retten.«

»Kein gelungener Witz«, merkte Mickey selbstkritisch an. Warum aber kümmerte ihn das eigentlich so wenig? Noch vor einer Stunde hatte die Vorstellung, nicht auf Draht zu sein, akute Angstzustände bei ihm ausgelöst. Jetzt hingegen war er geradezu erleichtert.

»Was geschieht mit mir?«, fragte er.

»Du stehst am Eingang, an der Schwelle«, antwortete Francisco. »Hinter dir liegt die dir bekannte Welt – eine Welt, die sich vor der Angst versteckt und sich den Wünschen des Ego fügt. Vor dir liegt das Unbekannte. Und hier stellt sich nun die Frage: Wirst du eintreten und durch die Pforte hindurchgehen?«

»Kennst du die Antwort?«, wollte Mickey wissen.

»Ja.«

»Dann verrate sie mir.«

»Das darf ich nicht. Doch ich kann es dir ermöglichen, kurz einen Blick über die Schwelle zu werfen. Fahr den Wagen irgendwo rechts ran«, sagte Francisco. Mickey hielt an einer von Bungalows und Palmen gesäumten Seitenstraße. Wenn er sich auf einer spirituellen Reise befand – und dass er dies tat, war ja inzwischen wohl nicht mehr von der Hand zu weisen –, musste er auf dieser Reise offenbar viel Auto fahren und parken.

Francisco verstellte den Rückspiegel so, dass Mickey sich darin selbst sehen konnte. »Schau dich an«, sagte er, »Ich will, dass du dir anguckst, was da im Spiegel zu sehen ist. Geh bloß nicht davon aus, dass du es bereits weißt.«

»Aber in der Tat, ich weiß es doch ganz sicher«, sagte Mickey.

»Nein, da gibt es jemanden, den du noch nicht kennengelernt hast. Er befindet sich auf der anderen Seite, jenseits
der Schwelle.«

Mickey betrachtete sein Spiegelbild.

Francisco fuhr fort: »Du solltest jemanden sehen, der
nicht witzig, der nicht reich und berühmt ist. Vergiss, dass
du seinen Namen kennst.«

»Das funktioniert nicht«, sagte Mickey.

»Konzentrier dich auf die Augen.«

Der Rückspiegel war klein genug für diesen Zweck. Mickey brauchte sich bloß weit genug vorzubeugen, dann sah
er schließlich nur noch die Augen, über die er sich eigentlich nie weiter Gedanken gemacht hatte. Groß seien sie, hatten ihm die Frauen gesagt. Wenn er auf der Bühne stand,
spürte er stets, wie sie zu leuchten begannen.

Im Moment fehlte ihnen dieses Leuchten. Die Augen, die
er im Spiegel erblickte, sahen stumpf aus. Wie graublaue
Marmorsplitter. Mickey blinzelte und versuchte, sie blitzen
und funkeln zu lassen, wie jemand, der sich gerade prächtig
amüsiert. Allerdings tat sich da rein gar nichts. In dem Bestreben, sie erstaunt wirken zu lassen, riss er sie weiter auf.
Er blickte aus den Augenwinkeln, versuchte auszusehen, als
hätte er es faustdick hinter den Ohren. Allmählich wurde
ihm das Ganze schon richtig unheimlich. Aber was er auch
unternahm – da war niemand. Hinter der Iris nichts als lee-
rer Raum. Ausdruckslosigkeit.

Mickey lehnte sich wieder zurück. »Das reicht.«

»Was hast du gesehen?«, wollte Francisco wissen.

»Nichts. Kann man denn überhaupt davon ausgehen, dass es darauf so etwas wie eine richtige Antwort gibt?«, fragte Mickey, den auf einmal eine gewisse Nervosität befiel.

»Vielleicht *ist* ›nichts‹ die richtige Antwort. Es könnte eine andere Bezeichnung für das Unbekannte sein. Du hast, glaube ich, kurz einen Blick auf einen Fremden geworfen. Davor solltest du nicht zurückschrecken. Genau ihm solltest du begegnen.«

»Warum? Weder hat er ein Wort gesagt, noch hat er mir etwas gezeigt.«

Irgendwie war Mickey verärgert. Am Vormittag war es doch prima gelaufen. Was die Geschehnisse vor dem Minimarkt anbelangte, hatte er ein gutes Gefühl. Der Blick in den Spiegel hatte diese Erfahrung indes in gewisser Weise zerstört. Falls er tatsächlich jener Person begegnet war, der er hatte begegnen sollen, so hatte diese Begegnung ohne Frage ein Gefühl von Leere in ihm hinterlassen.

Unversehens gelangte sein Geist jedoch wieder ins Lot.

»Moment mal«, sagte er. »Da gab es doch diesen indischen Arzt, der gerade frisch in die USA gekommen war. Mit seiner Frau, die kein Wort Englisch sprach, war er zu einer schicken Cocktailparty eingeladen worden. Der Gastgeber gesellte sich zu den beiden und sagte: ›Haben Sie Kinder?‹

›Nein, nein‹, antwortete der Arzt, ›meine Frau hier ist unerträglich.‹ Der Gastgeber schaute seinen Gesprächspartner mit einem einigermaßen verwirrten Gesichtsausdruck an.

Der indische Arzt wurde nervös: ›Ich wollte sagen, sie ist total unempfänglich.‹

Nun schaute der Gastgeber ihn vollends irritiert an. In seiner Not rief der indische Arzt: ›Verstehen Sie denn nicht, meine Frau hat überhaupt keine Konzeption!‹«

Mickey musste selbst lachen über den Witz. Und als er aufblickte, sah er, dass Francisco ebenfalls herzlich lachte.

»Meine Auszeit ist vorüber, nicht wahr?«, fragte er.

Francisco nickte.

Mickey war wieder auf dem Posten. Sollte er dankbar dafür sein? Er war sich gar nicht schlüssig, wie die Antwort auf diese Frage lauten sollte.

ALS FRANCISCO VORHIN geäußert hatte, sie sollten mittagessen gehen, wäre Mickey nicht im Traum auf die Idee gekommen, dass er dabei ausgerechnet das Hotel Bel-Air im Sinn hatte. Aber genau auf dieses steuerten sie jetzt zu. Vorbei an den exklusiv gestalteten üppigen Grünanlagen und an den Türstehern mit ihren ebenso aufwendig geschneiderten Gehröcken, den Cutaways.

»Du bist ganz sicher, dass dies die passende Adresse für uns ist?«, fragte Mickey nach. Ein livrierter Hoteldiener, zuständig für den Parkservice, trat an den Escalade heran.

»Ja«, antwortete Francisco. »Vorher habe ich aber noch was zu erledigen.«

Auf der Fahrerseite öffnete der Hoteldiener sachte die Tür und reichte Mickey einen Parkschein. Auf den ersten Blick wusste er, wen er vor sich hatte: »Schön, dass Sie wieder da sind, Mr. Fellows«, murmelte er in jenem sanften Tonfall, den Menschen häufig anschlagen, wenn sie bei einem Prominenten für gute Laune sorgen wollen. Völlig in Kontrast dazu stand allerdings, dass er im nächsten Moment die Augenbraue hochzog. Mickey warf einen Blick über seine Schulter.

Francisco hatte inzwischen die Einkaufstüte vom Rücksitz geholt, sie geöffnet und einen Schuhkarton herausgezogen. Nun hielt er ein Paar hochhackiger roter Schuhe in die Höhe. Sie waren ganz außergewöhnlich groß.

»Die wirst du ja wohl nicht im Ernst anziehen wollen!?«, fragte Mickey.

»Bloß den rechten.« In aller Seelenruhe, als würde der Hoteldiener ihn überhaupt nicht angaffen, zog Francisco die Strandsandale aus, die er am Fuß trug, und streifte stattdessen den roten Stöckelschuh über.

»Ein bisschen eng zwar«, meinte er, »aber passt schon.« Den anderen Schuh legte er in den Karton zurück.

Mickey verschlug es die Sprache, so fassungslos war er. Francisco öffnete die Beifahrertür und stieg aus. Gleich beim ersten Schritt wäre er beinahe zu Fall gekommen. »Ich werde deine Hilfe benötigen«, meinte er zu Mickey.

Der griff in die Hosentasche, fand dort eine Zwanzigdollarnote, die er dem Hoteldiener in die Hand drückte. Daraufhin sorgte dieser dafür, dass der Ausdruck des Erstaunens augenblicklich aus seinem Gesicht verschwunden war, wie weggewischt. »Fahren Sie bitte einfach das Auto weg«, setzte Mickey noch hinzu.

Nachdem der Hoteldiener mit dem Wagen losgefahren war, ging Mickey zu Francisco. »Das willst du doch wohl nicht wirklich im Ernst tun. So siehst du ja lächerlich aus.«

Francisco griff nach Mickeys Arm und arbeitete sich staksig in Richtung Hotelportal vor. »Was kümmert's dich? Schließlich muss ich ja mit dem Stöckelschuh klarkommen. Solltest es gelegentlich mal selbst ausprobieren.«

Sichtlich hatte er Spaß daran. Mickey zog den Kopf ein und wich den Blicken der beiden Türsteher aus, auf die sie sich zubewegten. Wie schon der Hoteldiener murmelten auch sie: »Schön, Sie wiederzusehen, Mr. Fellows.«

Auf dem einen Stöckelschuh vorwärtsstolpernd, schaffte Francisco es bis zum Restaurant, einer luxuriösen, verschwenderisch mit Kristall und Plüsch ausgestatteten Oase der Ruhe. »Den Tisch in der Mitte!«, wies er den Oberkellner an, der Mickey einen entgeisterten Blick zuwarf.

Mickey nickte grimmig. Sie wurden an einen voll im Blickfeld des gesamten Restaurants gelegenen langen Tisch geführt. Einen großgewachsenen spitzbärtigen Mann, der auf einem roten Stöckelschuh durch den Raum stolpert, konnte man nur schwer übersehen, beim besten Willen. Gekichere wurde hörbar.

Francisco verzog das Gesicht, als er sich hinsetzte: »Der drückt ziemlich heftig.« Er streifte den Schuh ab und setzte ihn auf den nächsten freien Stuhl. Weithin sichtbar leuchtete der Schuh, rot wie ein Stoppschild. Das Kichern wurde lauter.

»Sie lachen«, sagte Francisco, indem er auf die Leute wies. »Vielleicht solltest du dieses Element zu einem Bestandteil deines Bühnenauftritts machen.«

»Manch einen Lacher wünscht man sich, auf manch anderen würde man liebend gern verzichten«, knurrte Mickey. Bei dem Menüvorschlag des Kellners winkte er ungeduldig ab. »Bringen Sie mir einfach ein Stück Fisch. Wir haben es eilig.« Ihm entging nicht, dass Francisco sich in die über mehrere Seiten reichende Speisekarte vertieft hatte, um sich ein Menü zusammenzustellen. »Zieh das alles nicht noch weiter in die Länge.« Mickey war sauer, man konnte es kaum überhören.

Francisco schenkte ihm keine Beachtung, sondern bestellte sich ein zweigängiges Menü mit einem Glas Chardonnay. »Du liebst ein Lachen, das Zustimmung signalisiert. Ausgelacht zu werden kannst du hingegen nicht vertragen, stimmt's?«, sagte er, nachdem der Kellner gegangen war.

»Komm zur Sache«, fauchte Mickey.

»Dein Ego versucht, dich aufzubauen. Es verschafft dir das Gefühl, jemand Besonderes zu sein und obendrein gut geschützt. Was aber spielt sich hier tatsächlich ab? Letzten Endes bist du unglaublich verunsichert.« Er wies auf die Tische, die ringsum im Raum standen: »Menschen, die dir völlig fremd sind, belächeln dich, und auf einmal wird die ganze

Fassade brüchig. Geschützt bist du in Wahrheit nie gewesen. Völlig zu Unrecht hast du dich in Sicherheit gewiegt.«

Als der Kellner kam und ihm einen Teller gedünsteten Lachs servierte, war Mickey längst der Appetit vergangen. »Du hast recht, ich bin unsicher«, räumte er ein. »Aber du machst mir Angst. Gehe ich nach dem, was ich da von dir höre, könnte all das, was ich mir aufgebaut habe, wie ein Kartenhaus in sich zusammenstürzen. Und dann?«

»An dem, was du tust, gibt es nichts auszusetzen«, sagte Francisco. »Du erzählst Witze. Auf die Pointe sind die Leute nicht gefasst. Dadurch bringst du sie zum Lachen. Das ist zwar kein wirkliches Glück, zumindest aber ein Fingerzeig in die richtige Richtung.«

»Was zeichnet wirkliches Glück aus?«, wollte Mickey wissen.

»Wirklich glücklich ist, wer mit der Seele in Einklang steht«, erwiderte Francisco, ohne zu zögern.

»Ja, gut. Was aber ist mit ›Seele‹ gemeint?«

»Alles, was das Ego nicht ist.«

Mickey schüttelte den Kopf. »Woher willst du eigentlich all diese Dinge wissen?«

Francisco lächelte amüsiert. »Diese Frage hast du dir jetzt schon eine ganze Weile gestellt.« Er beugte sich vor und sagte mit gedämpfter Stimme, als habe er eine höchst vertrauliche Mitteilung zu machen: »Ich werde dir mein Geheimnis anvertrauen. Bist du bereit? Ich bin keine Person«, erklärte Francisco.

»Was für ein Geheimnis soll das denn sein?«, fragte Mickey nach.

»Ein höchst bedeutsames. Als ich dieses Restaurant betrat, hab ich mich zum Narren gemacht. Die Leute begannen, über mich zu lachen. Für dich war es ein unwillkommenes Lachen, weil sie mich belächelt haben. Bereits aufgrund der Tatsache, dass du dich in meiner Nähe befandest, hast du dich unwohl gefühlt. Du hattest den Eindruck, als würdest du dich allein schon dadurch, durch die bloße Nähe zu mir, selbst zum Narren machen.«

»Was soll ich machen, so bin ich nun mal.«

»Ich weiß. Du bist eine Person, die meint, womöglich eine Seele zu haben. Ich bin eine Seele, die sich darüber im Klaren ist, dass sie die Rolle einer Person spielt. Denn nicht über mich haben die Leute gelacht, sondern über das, was ich ihnen vorgeführt habe.«

Diese Erklärung ergab für Mickey Sinn. »Vor dem Minimarkt hab ich die Rolle eines Schnorrers gespielt. Aber eigentlich bin ich ja gar keiner. Aufgrund dessen konnte ich nach einer Weile zu meiner Rolle auf Distanz gehen.«

»Siehst du?«, sagte Francisco.

Mittlerweile war Mickey nun immerhin wieder so weit bei Laune, dass er jetzt doch etwas essen mochte. Das Essen schmeckte köstlich, und zugleich verschaffte es ihm Raum zum Nachdenken. Er brauchte einen Moment, dann sagte er: »Du spielst also nie eine Rolle?«

»Nur wenn ich mich ausdrücklich entscheide, dies zu tun.

Und wenn ich eine Rolle spiele, weiß ich: Wer da etwas vorführt, das bin nicht wirklich ich. Mein wahres Ich schaut zu, ist ein klein wenig darin verwickelt, im Wesentlichen bleibt es indessen bei sich.«

Mickey dachte an die Leute, die ihm gegenüber beleidigend gewesen waren, als er ihnen die Tür geöffnet und sie um ein wenig Kleingeld gebeten hatte. Die alte Dame hatte ihn einen widerwärtigen Kerl genannt, die Frau mit dem Handy hatte ihn aufgefordert, sich eine Arbeit zu suchen. Doch die Sticheleien konnten ihm nichts anhaben. Und jetzt verstand er, warum das so war: Er konnte zu sich selbst total auf Distanz gehen, eine Rolle spielen und sich dabei, sofern er sich mit ihr nicht identifizierte, vollkommen sicher fühlen.

»Der Prozess entfaltet, glaube ich, bereits seine Wirkung«, sagte er. »Aber ehrlich gesagt weiß ich noch immer nicht, worin dieser Prozess eigentlich besteht.«

»Das werde ich dir gleich hier an Ort und Stelle vor Augen führen«, erwiderte Francisco. Vor ihm auf dem Tisch standen zwei Gläser. Das eine war mit Wasser gefüllt, das andere mit Wein. »Aus gutem Grund hab ich Weißwein bestellt. Schau her!«

Er nahm die beiden Gläser in die Hand und goss die Flüssigkeit des einen Glases sorgsam in das andere. Anschließend goss er die ganze Flüssigkeit zurück in das erste Glas, bis Wasser und Wein sich vollständig vermischt hatten. »Beides lässt sich jetzt überhaupt nicht mehr auseinanderhalten«, meinte er.

»Wie sieht's also aus, wenn ich sie wieder voneinander trennen will? Wie kann ich's schaffen, dass in dem einen Glas wieder Wasser, in dem anderen hingegen Wein ist?«

Mickey schüttelte den Kopf. »Gar nicht.«

»Genau. Doch der Prozess kann das. Deine Seele und dein Ego sind genauso ununterscheidbar miteinander vermischt wie der Weißwein und das Wasser. Darum sind die Menschen so verwirrt. Sie irren durchs Leben, ständig auf der Suche nach der Seele, obgleich diese die ganze Zeit gegenwärtig ist. Sie sprechen über einen möglicherweise drohenden Verlust der Seele, obwohl dies ein Ding der Unmöglichkeit ist. Und sie glauben, nach dem Tod werde die Seele in den Himmel kommen, dabei ist sie schon jetzt überall.

Mit anderen Worten: Die Seele ist ein Mysterium. Weder kann man sie finden, noch kann man sie verlieren. Weder ist sie hier noch dort. Sie gehört zu dir, trotzdem gehört sie auch zu Gott. Gäbe es keinen Prozess, würde ihr nie jemand auf den Grund kommen.«

Diese Worte hinterließen bei Mickey einen tiefen Eindruck. Nicht zum ersten Mal wollte er Francisco am Arm packen und ihn fragen: »Wer bist du?« Angesichts dieses Ausdrucks von Verwunderung grinste Francisco: »Flipp mir bloß nicht aus. Ich bin nicht die Wiederkunft oder wofür auch immer sonst du mich halten magst.«

Schweigend aßen sie zu Ende. Auf dem Rückweg zum Sammelplatz der Hoteldiener fühlte Mickey sich wie verwandelt. Was mit ihm geschehen war, ließ sich jedoch gar nicht richtig in Worte fassen. Genau an dem Punkt hakte Francisco sogleich ein.

»Du suchst nach einer Bezeichnung dafür«, meinte er. »Lass es. Man kann den Prozess nicht benennen. Er ist unsichtbar, nichtsdestoweniger allmächtig. Und dennoch ist nichts von dem, was du sagst oder tust, Bestandteil des Prozesses.«

In dem Moment stimmte, was Mickey gerade gehört hatte, mit der unaussprechlichen Empfindung überein, die er verspürte. Er ließ sich auf das Mysterium mit all seinen Unwägbarkeiten ein. Sobald sie dann allerdings im Auto saßen und Mickey den Escalade auf dem Sunset Boulevard wieder in Richtung Strand steuerte, blieb dieser Sinn für das Wunderbare zunächst einmal auf der Strecke. Zu zart und ätherisch war dieses Empfinden, als dass er es hätte aufrechterhalten können.

Auch daran knüpfte Francisco sogleich an. »Der Prozess ist nicht wie ein Ding, dessen man habhaft werden könnte«, erklärte er. »Man kann ihn ebenso wenig festhalten, wie man den Duft der Meeresbrise festhalten kann. Der Prozess spielt sich voll und ganz in der Gegenwart ab. In dieser Sekunde ist er noch hier, in der nächsten bereits vorüber. Aber wie dem auch sei, ich hab einen Witz für dich:

Ein kleines Mädchen wird von seinen Eltern zu einem Restaurantbesuch mitgenommen. Der Kellner bleibt, während sie sich die Speisekarte ansehen, bei den dreien stehen. ›Für mich einen Hamburger!‹, sagt das kleine Mädchen.

Die Mutter schaut den Vater an: ›Was hältst du von einem griechischen Salat?‹

›Prima‹, erwidert der Vater.

›Wir nehmen dreimal griechischen Salat‹, sagt die Mutter zum Kellner.

Zur Küche gewandt, ruft der Kellner: ›Zweimal griechischen Salat und einen Hamburger.‹

›Sieh doch, Mami‹, ruft das kleine Mädchen. ›Er hält mich für wirklich!‹«

Es dauerte einen Moment, dann sagte Mickey: »Du hältst mich also für wirklich?«

»Ja, selbst wenn du dies nicht tust.«

In Anbetracht dieser Vorstellung begann Mickey sich wohler zu fühlen. Er spürte das warme Sonnenlicht auf seinem Gesicht. Der Himmel war klar und wolkenlos. Über Franciscos Witz zu lachen hatte ihm gefallen. Und für einen flüchtigen Moment schien es so, als würde ringsum alles in dieses Lachen mit einstimmen.

6

DIESER ZUSTAND FREUDIGER Erregung, in dem Mickey sich befand, verflüchtigte sich auch im weiteren Verlauf der Fahrt nicht vollständig. Angesichts seiner überschwänglichen Stimmung musste er dem Straßenverlauf umso größere Aufmerksamkeit schenken. Denn jedes Mal, wenn sich der Sunset Boulevard in einer dieser weitläufigen Kurven um eine Anhöhe schlängelte, kam es ihm so vor, als werde der Wagen sich im nächsten Moment in einen Gleitflieger verwandeln, sich womöglich gleich darauf in die Lüfte erheben und vom ersten größeren Windstoß davontragen lassen.

»All das ist überaus unwirklich«, murmelte Mickey leise.

»Sich nicht so zu fühlen ist viel unwirklicher«, entgegnete Francisco. »Das ist die dir innewohnende Glückseligkeit. Genieße sie!«

Beim Blick durch die Windschutzscheibe hatte Mickey die Kolonne der in beide Richtungen dahinströmenden Fahrzeuge vor Augen. Ebenso die hübschen Häuser mit den stuckverzierten Fassaden, die an ihnen vorüberzogen.

Von außerkörperlichen Erfahrungen hatte er hier und da

gehört. Darum fragte er sich, ob dies nun eine sei. Keiner der beiden verlor ein Wort. Die Straße, so schien es, zog sich endlos dahin. Irgendwann aber stieg der Sunset Boulevard doch zum Meer hinab, und schließlich schien er dann vor ihren Augen in den Ozean einzutauchen. Die Strahlen der schon weit im Westen stehenden Sonne fielen Mickey nun direkt in die Augen. Das Sonnenlicht war so grell, dass er unwillkürlich blinzeln musste.

»Ich komme wieder runter. Das spüre ich«, sagte er.

Francisco warf ihm kurz einen Blick zu: »Mach dir keine Sorgen. Gleite ruhig noch ein bisschen länger dahin. Mit dem Landen haben wir es nicht eilig.«

Nach wie vor hatte Mickey das Gefühl, eigentlich fahre er gar nicht Auto. Vielmehr schaue er lediglich dabei zu, wie das Asphaltband der Straße sich vor ihm immer weiter abrollt. Ganz allmählich kehrte er dann aber doch wieder zu dem zurück, was er für seine Sinne hielt.

»Warum erlebe ich all das?«, fragte er, zu Francisco gewandt. »Das möchte ich wirklich unbedingt wissen.«

»Ich übernehme in dem Ganzen lediglich meinen Part. Das kannst du dir ganz ähnlich vorstellen, wie wenn Kinder Fangen spielen: Dich habe ich so gefunden, wie einst jemand anderes mich gefunden hat.«

Zum allerersten Mal überhaupt nahm Francisco hier auf sein persönliches Leben Bezug. Mickey versuchte sogleich, die Gelegenheit beim Schopf zu packen: »Jemand ist am Strand zu dir gekommen?«

»Nein, am Arbeitsplatz. Damals war ich Bauarbeiter. Auf der Baustelle ist ein Fremder aufgetaucht. Das fand ich ärgerlich, was aber nach kurzer Zeit keinerlei Rolle mehr spielte.«

Francisco nahm die Neugierde in Mickeys Augen wahr. »Nichts von früher spielt eine große Rolle. Du wirst sehen.«

So was zu hören, hätte Mickey noch eine Stunde zuvor als beängstigend empfunden. Ein Teil von ihm hatte den Prozess aber mittlerweile akzeptiert. Ein anderer Teil dagegen hielt die Überzeugung aufrecht, jederzeit sei es ihm möglich, zu der einst gewohnten Normalität zurückzukehren. Was man für »normal« hält, unterliegt jedoch dem Wandel. Außerdem hatte er jetzt keine Angst mehr. »Setzt der Prozess sich ein Leben lang fort?«, wollte er wissen.

»Ja, allerdings verändert er sich unablässig. Anfangs habe ich ebenso viel Angst gehabt wie du. Mein Widerstand war genauso groß wie deiner, wenngleich ich nicht ein derart übersteigertes Selbstbewusstsein hatte wie du – was ich gar nicht böse meine. Und sei unbesorgt, am Ende des Prozesses wird auch das verschwunden sein.«

Auf einmal kam es Mickey so vor, als könne man ihm gar nichts Besseres in Aussicht stellen.

»Dafür will ich mich richtig ins Zeug legen«, meinte er. »Können wir den Ablauf vielleicht auf irgendeine Weise beschleunigen?«

Francisco wirkte amüsiert. »Dabei könntest du dir die Augenbrauen versengen und Gefahr laufen, dass die Flügel schmelzen. Gib acht!«

»Hast du achtgegeben?«

Francisco schüttelte den Kopf. »Nein, ich bin ziemlich aus der Bahn geraten. Für eine Weile jedenfalls. Mein Wegbegleiter war besorgt.«

Da sie inzwischen am Strand angekommen waren, ging Mickey davon aus, dass sie in südliche Richtung abbiegen würden, in Richtung seines Hauses. Francisco wies jedoch auf einen Supermarkt an der Ecke. »Halt da vorn an.«

Mickey fuhr auf den Parkplatz. »Wer hat dich damals angeleitet?«, wollte er wissen.

»Er hieß Martin und war eine Art personifizierte Mysterienschule. Was der über das Leben wusste …« Francisco drohte die Stimme zu versagen.

Er wandte Mickey das Gesicht zu: »Alldem haftet nichts Magisches an. Unser Wegbegleiter ist kein Zauberer. Niemand von ihnen steigt aus einer anderen Welt zu uns herab«, sagte er. »Eher ist es so, als zündeten sie in der Finsternis ein Streichholz an, sie leisten lediglich ein wenig Starthilfe. Doch wie dem auch sei, auf dich und mich wartet noch eine Aufgabe.«

Francisco fischte in der Brusttasche seines Hemds herum und reichte Mickey schließlich einen zusammengefalteten Zettel.

»Glückseligkeit kommt und geht«, erklärte er währenddessen, »es sei denn, du machst Nägel mit Köpfen. Das ist der nächste Schritt.«

Er schaute dabei zu, wie Mickey den Zettel auseinanderfaltete und den jüngsten Rätselspruch vorlas:

Heute liebst du mich, morgen hasst du mich.
Doch stets lockt der Köder am Haken dich.
Dein Ruf: »Ich will frei sein!«, was schert er mich?
Allzeit umfängt, schlingengleich, mein Netz dich.

Mickey runzelte die Stirn. »Kapier ich nicht. Hier geht's,
glaub ich, um Verlangen oder so was.«

»Du bist dicht dran.« Francisco nahm den Zettel wieder an
sich und schrieb ein Wort auf die Rückseite: »Abhängigkeit«.

Unwirsch schüttelte Mickey den Kopf: »Abhängig bin ich
nicht. Nicht einmal um Schlagzeilen zu schinden, bin ich in
eine Rehaklinik gegangen.«

»Hier geht's nicht um Drogen, nicht um Sex oder Alko-
hol. Wie aber steht es mit der Glückseligkeit, die du gerade
empfunden hast? Weshalb verschwindet sie? Weil du immer
wieder zu deinem alten Selbst zurückkehrst. Darin besteht
die schlimmste Abhängigkeit. Solange du solch ein Verlangen nach dem alten Selbst hast, kannst du mit dem Unbekannten niemals voll und ganz in Berührung kommen.«

»Demnach bin ich von mir selbst abhängig?«

»Abhängig bist du von deinem *alten* Selbst. Das gilt für
uns alle.« Franciscos Blick wanderte in Richtung einer nahe
gelegenen Bushaltestelle: »Fortsetzung folgt. Jetzt muss ich
los.«

Mickey wollte nicht, dass Francisco ihn quasi mit leeren Händen sitzen ließ – mit nichts weiter als ein paar frustrierenden Anhaltspunkten. »Warte«, sagte er. »Willst du mir nicht wenigstens verraten, wie ich diese Abhängigkeit durchbrechen kann?«

Francisco war bereits aus dem Wagen ausgestiegen. »Allmählich ist es an der Zeit, dass du dich auf eigene Faust durchschlägst.«

»Was soll das heißen?«, fragte Mickey mürrisch.

Francisco beugte sich auf der Beifahrerseite durch das heruntergelassene Fenster: »Nur Mut! Du bist auf der richtigen Spur.« Ein Blick über die Schulter zeigte ihm, dass der städtische Nahverkehrsbus die Bushaltestelle schon fast erreicht hatte. »Schick mich«, sagte er daraufhin, »wenigstens mit einem halben Lacher auf die Reise. Komm, erzähl mir schnell einen kleinen Witz, bevor der Bus losfährt.«

»Was unterscheidet eine Bar von einer Apotheke?«, fragte Mickey.

»Das dürftigere Sortiment«, beantwortete er die Frage selbst.

»Das ist ein halber Lacher. Jetzt fahr nach Hause und schau noch mal in den Spiegel. Dort wirst du jemanden kennenlernen, der dir die erwünschten Antworten gibt.« Francisco eilte zum Bus. Gerade war der letzte der aussteigenden Fahrgäste herausgekommen. Mit einem großen Satz verschwand Francisco im Innern des Fahrzeugs. Nachdem die Türen sich hinter ihm geschlossen hatten, konnte Mickey sehen, wie er dort auf der Suche nach einem Sitzplatz über den Mittelgang in den hinteren Teil gelangte. Wie viele der Fahrgäste, dachte er sich im Stillen, mochten wohl eine Vorstellung davon haben, wer sich da zu ihnen gesellt hatte?

MICKEY HATTE BEABSICHTIGT, zu Hause gleich einen Blick in den Spiegel zu werfen. Dort angekommen verwarf er den Gedanken jedoch umgehend wieder. Ein Gefühl von Lustlosigkeit machte sich in ihm breit. Payback war so lange allein gewesen, den ganzen Tag eingesperrt. Hysterisch kläffend sprang sie an ihm hoch. Mickey gab ihr was zu fressen, dann stöberte er im Kühlschrank ein Bier auf, außerdem ein paar übrig gebliebene Sushis.

Auf dem Anrufbeantworter fand er sieben neue Nachrichten vor. Die Anrufer zurückzurufen, dazu war er jetzt nicht in der Stimmung. Lediglich auf die Nachricht seiner Agentin reagierte er mit einem Lebenszeichen.

»Was war los?«, wollte Alicia wissen, als er sie schließlich an der Strippe hatte.

»Glaubst du, ich bin abhängig?«

»Wie bitte?«

Mickey wiederholte die Frage.

»Ja, du bist abhängig«, erwiderte Alicia. »Von Geld, Anerkennung und Schokolade. Wie wir alle. Oder meinst du die harten Sachen?«

»Gäbe es da sonst noch was?«

»Mal überlegen. Single Malt Scotch, Golf und Witzigsein. Soll ich weitermachen?«

»Wusste ja gar nicht, dass du mich witzig findest«, sagte Mickey.

»Ab und an. Was ist los mit dir? Du klingst verändert.«

Bin für einen Auftritt in 'ner Mysterienschule gebucht worden. Ein wildfremder Mensch hat bislang unentdeckt gebliebene Talente bei mir erschlossen. Nächste Woche, meint er, werd ich dann so weit sein, dass ich fliegen kann.

Alicia gegenüber ließ Mickey mit keinem Wörtchen erkennen, was ihm tatsächlich durch den Kopf ging. »Habe mich entspannt. Bloß an ein paar Einzeilern gearbeitet«, sagte er und schnurrte für Alicia gleich eine Handvoll dieser Einzeiler runter.

»Bei dir ist ein klares Bewusstsein das erste Anzeichen, dass du drauf und dran bist, die Erinnerung zu verlieren.«

»Eine Taschenlampe«, erwiderte Mickey, »ist dazu da, damit man im Dunkeln leere Batterien finden kann.«

Während Mickey weiter lustlos an dem Sushi rumkaute, öffnete er eine gläserne Schiebetür und ging mitsamt dem Handy nach draußen auf die Terrasse. Er verspürte einen unbändigen Drang, Alicia wirklich zum Lachen zu bringen. »Vergiss die Einzeiler. Hier kommt jetzt ein guter Witz«, sagte er.

»Bei der Notrufzentrale geht ein Anruf ein. Der Mann am anderen Ende klingt total hektisch und verzweifelt. ›Ich bin Teilnehmer eines Jagdausflugs und hab aus Versehen meinen Freund erschossen.‹

›Zuerst muss ganz sicher geklärt sein, ob er tatsächlich tot ist‹, erklärte die Frau in der Notrufzentrale.

Als Nächstes hört sie einen lauten Knall. Anschließend kommt der Mann wieder an den Apparat. ›In Ordnung‹, sagt er. ›Er *ist* tot. Wie geht's weiter?‹«

Von Alicias Seite aus drang ein schwacher Seufzer durch die Leitung. Ob das wohl als Hinweis darauf zu verstehen war, dass sie sich amüsierte?

Zu Mickey meinte sie noch, er solle weiter an den Dingen arbeiten, dann legte sie auf. Mittlerweile hatte Mickey bereits keine Lust mehr, sich den Sonnenuntergang noch länger anzusehen. Er schlüpfte wieder in sein altes Selbst. Laut Francisco bestand genau darin ja seine Abhängigkeit. Und, mehr oder weniger, hatte Alicia ihm in dem Telefonat nun Brief und Siegel darauf gegeben. Er erhob sich, scheuchte Payback zurück ins Haus und schloss die gläserne Schiebetür hinter sich.

Schau noch mal in den Spiegel. Du wirst jemanden kennenlernen, der die Antwort hat.

Der Augenblick war gekommen. Einen geeigneten Spiegel fand Mickey in der Gästetoilette gleich neben dem Vordereingang. Indem er sich mit Mühe gegen seine Eitelkeit behauptete, tat er nun nichts weiter, als das eigene Gesicht anzustarren. In dem Bestreben, sich zu konzentrieren, kniff er die Augen ein wenig zusammen. Dann wartete er auf das, was da kommen würde.

Nichts kam.

Vielleicht ging es hier ja gar nicht um Konzentration. Also schenkte Mickey seinem Spiegelbild ein Lächeln. »Wie läuft's? Bei mir ist auch alles fabelhaft. Danke für die Nachfrage.« Der Blick, der ihm aus dem Spiegel entgegenkam, war keineswegs stumpf und leer. Anders als im Auto. So weit, so gut. Er entspannte sich und schaute sich erneut in die Augen. Einige Minuten verstrichen.

Er begann sich zu langweilen.

Aber würde er jetzt schlappmachen, dann hätte er rein gar nichts als Lohn seiner Bemühungen vorzuweisen. Mickey beugte sich näher heran an sein Spiegelbild. Er tat so, als würde er bei sich selbst eine Sehschärfenmessung vornehmen und als müsse er sich zu diesem Zweck mit einem optometrischen Gerät selbst in die Augen schauen, mitten in die Pupille …

Seine Pupillen vergrößerten sich. Das eine Auge, sein rechtes, weitete sich noch mehr. Schließlich gewann Mickey den Eindruck, die Iris würde verschwinden. So sonderbar ihm das auch vorkam, blieb er dennoch ruhig. Erst da begriff er, dass die Pupille sich gar nicht weitete. Vielmehr wurde er in den scheinbar immer größer werdenden dunklen Punkt in ihrer Mitte hineingezogen.

Als der dunkle Punkt ihn einzuhüllen begann, kam Mickey ein visueller Kindheitseindruck in den Sinn: ein Bild aus einem Film, den er im Fernsehen gesehen hatte. Es handelte sich um jenen Moment, in dem Zorro seine schwarze Maske in die Luft emporwarf. Wie die hereinbrechende

Nacht glitt die Maske über Mickeys Gesicht. Danach wich alles einer tiefschwarzen Dunkelheit.

Er rief: »Hallo?« Mickeys Stimme hallte wider, als stünde er vor einem menschenleeren Auditorium.

»Hallo?«

Daraufhin wurde in der Ferne ein winziger Lichtpunkt sichtbar. Mickey bewegte sich in diese Richtung. Wohin sonst hätte er auch gehen sollen? Im Näherkommen erkannte er, worin die Lichtquelle bestand. Es war eine Taschenlampe. Der Mann, der sie in der Hand hielt, saß auf einem Stuhl.

»Gib acht, Kleiner«, sagte der Mann. »Das Eis ist glatt und nicht sonderlich dick.«

Es war Larry.

Während Mickey auf ihn zustrebte, konnte er hören, wie das Eis unter seinen Füßen knackte.

»Was tust du hier?«, fragte er ihn, obgleich er die Antwort ja eigentlich schon wusste. Ein Mann, der auf einem Stuhl sitzt und auf ein Loch im Eis starrt, will dort offenbar Fische fangen. Eisfischen war im Winter Larrys liebster Zeitvertreib gewesen, als Mickey noch ein Junge war. Lebhaft erinnerte er sich daran, wie sein Vater ihn aus dem kuschelig warmen Bett geholt hatte, um wenig später mit ihm auf dem Beifahrersitz ihr altes Pick-up-Modell von Ford zu einem gottverlassenen See in Wisconsin zu steuern.

»Ich bin zu einem Menschenfischer geworden«, sagte Larry und zog an seiner Angelschnur.

»Tatsächlich?«, fragte Mickey.

»Dich hab ich an der Angel. Oder etwa nicht?«

Larry klang so sehr nach Larry, dass Mickey sich allergrößte Mühe geben musste, nicht die Hand nach ihm auszustrecken, um ihn anzufassen und sich so zu vergewissern, dass er real ist. Etwas in ihm sagte ihm jedoch, dass er diesen Versuch besser unterlassen sollte.

Sein Vater ließ den Lichtschein der Taschenlampe in der Dunkelheit hin und her wandern. Schließlich erfasste der Lichtkegel einen zweiten Stuhl auf der anderen Seite des Eislochs. Mickey ließ sich auf dem Stuhl nieder.

»Ich glaube nicht, dass die Verwendung einer Taschenlampe zulässig ist«, sagte er.

»Die Seelen der Verdammten werden so lange nicht anbeißen, wie du es nicht tust«, sagte Larry. Er grinste. »Das läuft nicht anders als beim Hecht.«

Vielleicht lag es daran, dass er Larry bereits zum zweiten Mal traf. Jedenfalls fand Mickey es gar nicht überraschend, ihn zu sehen. Mickey war ganz locker und entspannt, bloß war ihm ein bisschen kalt. Ihn freute es, Zeit mit seinem Papa verbringen zu können – selbst wenn er am Angeln keinen Gefallen fand. So viel hatte sich also im Vergleich zu jener Zeit, als er zehn Jahre alt war, gar nicht verändert.

»Alles verändert sich. Und nichts verändert sich. Nicht wahr, mein Junge?«, meinte Larry.

»Hältst du dich immer noch in der Vorhölle auf?«

Achselzuckend antwortete Larry: »Schon in Ordnung. Sobald ich mir keine Sorgen mehr um dich mache, komm ich da raus.«

Mickey fand diese Auskunft beunruhigend. »Um mich brauchst du dir keine Sorgen mehr zu machen. Geh dorthin, wo du hinzugehen hast«, erwiderte Mickey.

»Beruhige dich. Ich sitze hier nicht im Knast. War es nicht so, dass du hierhergekommen bist, um mich etwas zu fragen?«, meinte Larry.

»Gekommen bin ich, um *jemanden* etwas zu fragen«, antwortete Mickey verunsichert.

»Frag deinen alten Herrn.« Larry schaute zu seinem Sohn hinüber und deutete seinen Gesichtsausdruck. »Wir haben nie sonderlich viel miteinander geredet. Das finde ich bedauerlich«, sagte er.

»Ich hätte mich auch mehr darum bemühen können«, antwortete Mickey.

Larry seufzte. »Erinnerst du dich an den Tag, als du an deiner Schule aus der Baseballmannschaft geflogen bist? Gemessen an deiner Körpergröße warst du als Baseballer wirklich klasse, aber für die Uni wollten sie größere Spieler haben. Über all die technischen Voraussetzungen hast du zwar verfügt, doch nicht über die nötige Muskelkraft. Diese Sache hat dich damals ganz schön fertiggemacht.«

»Das ist lange her.«

»Begeht man einen Fehler, bleibt das präsent, ganz egal, wie viel Zeit verstreicht.«

»Was hab ich denn damals falsch gemacht?«, fragte Mickey nach.

»Nicht du, ich.« Larry spielte mit der Angelschnur rum und dachte über etwas nach.

»Du wolltest damals, dass ich dich tröste«, meinte Larry, »doch ich wusste nicht wie. Du bist so zu mir gelaufen gekommen, wie du es einst als Neun- oder Zehnjähriger zu tun pflegtest, und wolltest mich umarmen. Mein einziger Gedanke aber war: Dazu ist der Junge zu alt. Ich habe dich zurückgestoßen. Erinnerst du dich daran?«

»›Wenn du in die Arme genommen werden willst‹, hast du damals gesagt, ›solltest du besser zu deiner Mutter gehen‹«, meinte Mickey. »Eigentlich war das wirklich nichts Schlimmes.«

»Doch, das war es.« Larry hielt inne. »Damit hab ich das Band zwischen uns durchtrennt, und ich wusste es. Das war das Allerschlimmste daran. Zwischen dir und mir, das hab ich gespürt, würde es danach nie mehr so sein wie zuvor. Ich hab dich geliebt, verdammt noch mal, und dich trotzdem zurückgestoßen. Warum bloß?«

Dieses schmerzliche Bedauern, das da in der Stimme seines Vaters mitschwang, steckte Mickey wie ein Kloß im Hals. »Söhne gehen nun mal von zu Hause fort, Papa.«

»Du aber bist nicht zurückgekehrt«, sagte Larry. »Gewiss, einen Sohn muss man ziehen lassen. Allerdings macht man das, wenn beide wissen, dass es stimmig, dass der rechte Augenblick gekommen ist – und zwar so, dass es dem

Sohn möglich bleibt, wieder nach Hause zurückzukehren.«

Was hätte Mickey dazu sagen sollen? Den Gedanken, Larry sei womöglich deshalb in der Vorhölle, weil er so starke Schuldgefühle hatte, fand er beängstigend. Doch bevor Mickey den Mund aufmachen konnte, war diese düstere Niedergeschlagenheit auch schon wieder von seinem Vater gewichen. Genauso schnell, wie sie gekommen war.

»Kein Grund, dir Sorgen zu machen. Aber das musste ich dir einfach sagen. Und damit ist es jetzt auch erledigt.« Larry schaute nach oben und ließ den Blick prüfend durch die Dunkelheit schweifen: »Du kannst sie nicht sehen, aber sie sind eine echte Hilfe. Ich rede von Gottes Leuten.« Er räusperte sich. Ein leichtes Schaudern ließ seinen Körper erbeben.

»Wo war ich stehen geblieben? Ach ja, bei der Frage, die du an mich richten wolltest.«

Von dem Eingeständnis seines Vaters hatte Mickey sich noch gar nicht ganz erholt. Zu seinen Lebzeiten war Larry ein Mensch vom alten Schlag gewesen. Gefühle hat er nicht gezeigt. Wenn er einen umarmt hat, dann war es eine Umarmung von Mann zu Mann. Der eine legt den Arm auf die Schulter des anderen und gibt ihm, ziemlich verhalten, den einen oder anderen Klaps.

»Lass mir eine Minute Zeit«, sagte Mickey.

»In Ordnung«, meinte Larry. »Willst du derweil Gottes Lieblingswitz hören?«

»Klar doch.«

Larry setzte sich auf seinem Stuhl aufrecht hin und schaute Mickey in die Augen.

»Sünde«, sagte er.

Dann begann er zu kichern, sagte ansonsten aber nichts mehr.

»Das war schon der ganze Witz?«, fragte Mickey sicherheitshalber nach.

»Genau. Wann immer Gott hört, dass jemand an Sünde glaubt, kann er vor Lachen kaum noch an sich halten.«

»Und du kannst sein Lachen wirklich hören?«, wollte Mickey wissen.

»Nichts kommt ihm gleich«, sagte Larry. Dann fasste er sich wieder. »Neuerdings hab ich allzu viel Muße.« Er zog seine Angelschnur aus dem Wasser und begann sie um die behandschuhte Hand zu wickeln. Mickey fiel auf, dass an der Angelschnur weder Haken noch Köder zu sehen waren. »Spielt überhaupt keine Rolle«, meinte Larry. »Seelen beißen ohnehin nicht an.«

Er packte seine Angelutensilien zusammen und erhob sich. »Jetzt oder nie, Kleiner. Stell mir deine Frage. Schon ziemlich bald muss ich gehen.«

Seine Stimme klang nun unbeschwerter. Dennoch wusste Mickey, dass sein Vater auf Wiedergutmachung bedacht war. Ein Gefühl von Reue hing über ihm, als handle es sich um Nebelschwaden, die vom Eis aufsteigen.

Mickey rechnete zwar nicht mit einer Antwort, dennoch stellte er seine Frage.

»Durch die Art und Weise, wie ich die Dinge tue, bin ich mir selbst ein Klotz am Bein«, sagte er. »Ich bin nicht sonderlich glücklich darüber, dass ich so bin, wie ich bin – aber davon abhängig. Und ich habe keine Idee, wie ich aus dieser Zwickmühle rauskommen kann.«

»Nichts leichter als das«, erwiderte Larry. Ihm schien ein Stein vom Herzen gefallen zu sein. »Dachte schon, du wolltest mich fragen, wie du wieder mit deiner Frau zusammenkommen könntest. Dabei kann dir nämlich niemand weiterhelfen.«

»Hilf mir hierbei«, flehte Mickey ihn an.

»In Ordnung. Hörst du mir zu?« Larry räusperte sich. »Was ohnehin nie funktioniert hat, auf das greifst du immer wieder zurück. Mach das nicht mehr.«

»Was denn?«

»Abhängigkeit ist stets ein künstlicher Ersatz. Du bist auf Dinge abonniert, die dir nie das bringen, was du wirklich willst. Echte Rosen kannst du nicht bekommen, also kaufst du dir Plastikrosen. Dir süße Gedanken zu machen will dir nicht gelingen, also verschlingst du irgendwelche Süßigkeiten. Du hast keine Vorstellung, wie du glücklich werden kannst, also bringst du andere Leute zum Lachen.«

»Wann werde ich aufhören, das zu tun?«

»Gute Frage.«

Larry wirkte nun in zunehmendem Maß unruhig. Von Zeit zu Zeit blickte er über die Schulter in die pechschwarze Nacht hinaus.

»Ich komme ja, komme schon«, sagte er unwillig.

Dann wandte er sich wieder Mickey zu: »Die geben mir nur begrenzt Zugang. Hab ich dir, glaub ich, bereits beim ersten Mal gesagt. Da ist nichts zu machen.« Achselzuckend ging er los. Unter seinen schweren Gummistiefeln begann das Eis zu knacken.

»Warum bist du nicht über den Fernseher gekommen?«, rief Mickey ihm hinterher. »Nach wie vor glaube ich ans Fernsehen, ganz wie du gesagt hast.«

Larry schaute sich nicht mehr um. »Zerbrich dir darüber nicht den Kopf. An die Dunkelheit glaubst du ja auch.« Dann verschwand er.

MICKEY KEHRTE ZURÜCK. Wie dies geschah, wusste er selbst nicht. Gerade hatte er sich noch in der Dunkelheit auf dem Eis befunden, im nächsten Augenblick stand er wieder vor dem Spiegel. Ihm war es ein Rätsel. Allerdings standen da noch so viele andere Rätsel im Raum, die vor diesem hier gelöst werden wollten. Denn neuerdings gaben derart rätselhafte Situationen einander regelrecht die Klinke in die Hand.

Er ging in die Küche, wo er den Rest Sushi und das übrig gebliebene Bier stehen gelassen hatte. Mickey verspürte einen gewissen Gleichmut. Und das ganze Haus ringsherum wirkte so still.

Von ihrem mit Frotteestoff bedeckten Lager neben dem Herd blickte Payback unverwandt zu ihm rüber, winselte und wedelte mit ihrem Schwanz. Mickey ging zu ihr und flüsterte ihr einen Witz ins Ohr:

»Schon von dem paranoiden Legastheniker gehört? Er war sich sicher, dass er jemanden verfolgte.«

Payback kläffte und zwickte ihn in die Nase. »In Ordnung. Beiß, wohin du willst. Nach Hundejahren gerechnet, bin ich ja schon tot.«

Wie kam es bloß, dass er so unverschämt gut gelaunt war? Mickey wusste keine Antwort darauf. Neben der Küchenarbeitsplatte setzte er sich hin, trank in kleinen Schlucken sein Bier und machte sich ansonsten weiter keine Gedanken.

Larrys Worte kamen ihm jedoch ganz von allein in den Sinn.

Mit dem, was ohnehin nie funktioniert hat, machst du immer weiter.

Na gut. Und was jetzt?

Nun sei es an der Zeit, hatte Francisco ihm gesagt, sich auf eigene Faust durchzuboxen. Mickey war ja durchaus bereit, das zu tun. Lange schon trug er diese Sehnsucht nach einem anderen Leben in sich. Doch Larry hatte erst sterben müssen, damit ihm das klar wurde. Wie aber konnte er sich bloß von seiner Abhängigkeit frei machen?

Mickey warf die leere Bierdose in den Mülleimer und schnappte sich Payback.

»Komm mit, Mädchen. Du und ich.«

Es war noch nicht einmal zehn Uhr, als er und der Hund

es sich im Bett gemütlich machten. Mickey griff nach der Fernbedienung und schaltete von einem Sender zum anderen. Was er sich dann letztlich anschaute, war ihm im Grunde schon mehr als hinlänglich bekannt: Ein Hubschrauber schwebte über dem Highway 405, und unten auf der Straße spielte sich eine Verfolgungsjagd ab. Die Bullen waren hinter einem gestohlenen Geländewagen her. Mickey machte das Gerät lauter.

»Was vor einigen Stunden als rasante Verfolgungsjagd begonnen hat, ist zu einer zermürbenden, quasi in Zeitlupe ablaufenden Belastungsprobe geworden«, kommentierte der Sprecher die vom Hubschrauber aus gedrehten Aufnahmen. »Der Verdächtige, mittlerweile als ein gewisser Alberto Rodriguez identifiziert, flüchtete ursprünglich in Richtung mexikanische Grenze. Jetzt aber führt er offenbar die Polizei im Kreis herum.«

Vom Hubschrauber aus gewann man den Eindruck, als komme der Geländewagen, verfolgt von fünf Polizeifahrzeugen, kaum vom Fleck. Derartige Bilder hatte Mickey bereits des Öfteren gesehen. Diesmal stellte er sich freilich vor, er säße hinterm Steuer dieses Geländewagens. Was würde ihm wohl durch den Kopf gehen?

Das Ende der Treibjagd war absehbar: Kein Kraftstoff mehr im Tank, der Wagen würde liegen bleiben und von der Polizei umstellt werden.

Aber der Fahrer machte einfach immer weiter mit dem, was von vornherein nicht funktioniert hatte.

Mickey schaltete den Ton aus und rief seine Mutter an. In Chicago war es zwar schon Mitternacht. Doch wie er wusste, blieb sie gern lange auf.

»Hallo?«

»Ich bin's, Mama.«

Der Stimme nach zu urteilen, schien seine Mutter überrascht zu sein. Gleich nach Larrys Tod hatten sie zuletzt miteinander gesprochen. Zur Bestattung war sie nicht gekommen. Ihrem zweiten Ehemann wäre das nicht recht gewesen. Larry und sie hatten in den letzten zwanzig Jahren sowieso nicht mehr miteinander geredet.

»Stimmt was nicht?«, fragte sie.

»Nein, Mama, alles in Ordnung. Ich wollte dich was fragen: Warum habt ihr euch eigentlich so häufig gestritten, du und Larry?«

»Ausgerechnet jetzt willst du das von mir wissen? Das ist inzwischen so lange her. Daran kann ich mich nicht mehr erinnern.«

»Aber du erinnerst dich, dass ihr euch gestritten habt?«

»Herrgott noch mal, ja. Es war grässlich. Wir sind beide ziemlich große Streithähne gewesen.« Ihr Tonfall wurde schroff. »Müssen wir wirklich jetzt in diesem Augenblick darauf zu sprechen kommen?«

Seine Mutter fühlte sich unwohl dabei. Das wusste Mickey. Aber die Bilder von der Zeitlupenverfolgungsjagd auf dem Highway wollten ihm einfach nicht aus dem Kopf gehen.

»Hast du denn nicht gesehen, worauf das hinauslaufen würde?«, fragte er. »Menschen, die sich unentwegt streiten, landen letztlich vor dem Scheidungsrichter.«

»Tut mir leid, Schatz.«

»Darum geht's mir nicht. Vielmehr begreif ich einfach nicht, warum du nicht zur Abwechslung etwas anderes ausprobiert hast.«

»Ich verstehe nicht, worauf du hinauswillst.«

»Keiner von euch beiden konnte gewinnen. Trotzdem habt ihr immer weiter aufeinander rumgehackt.«

»Liebling, ich will jetzt nicht mit Steinen werfen. Aber du und Dolores, ihr habt ebenfalls eine Scheidung hinter euch. Ihr hattet auch eure Auseinandersetzungen. Hast du damals den Gedanken, dass du die Oberhand behalten würdest, je aufgegeben?«

Das ist was anderes, wollte Mickey sagen. Ihr seid meine Eltern gewesen. Als ich geheiratet habe, war ich ja noch ein halbes Kind. Damit wusste ich nicht umzugehen.

Stattdessen sagte er: »Du hast recht. Besser, ich hätte dich gar nicht angerufen. Leg dich schlafen, Mama.« Er brummelte eine Entschuldigung und legte auf.

Die im Fernsehen gezeigte Zeitlupenverfolgungsjagd dauerte nach wie vor an. Der Fahrer war nicht bereit, sich geschlagen zu geben. Letzten Endes würde er aber anhalten müssen, unweigerlich. Sein Verstand war indes nicht bereit, das Unausweichliche zu akzeptieren.

»Was für'n armes Schwein«, murmelte Mickey.

Er drehte sich im Bett auf die andere Seite. Trotzdem ließ er den Fernseher ohne Ton weiterlaufen. Bei eingeschaltetem Fernseher fand er leichter Schlaf. In den Morgennachrichten würde er dann erfahren, wie die ganze Verfolgungsjagd ausgegangen war.

7

NOCH IM SCHLAF fiel der erste Sonnenstrahl auf Mickeys Gesicht. Hinter seinen Augenlidern rief er ein rosarotes Leuchten hervor. Mickey richtete sich auf. Herzhaft gähnend ließ er den Blick umherschweifen. Ein Gefühl von Zufriedenheit erfüllte ihn, zu seiner eigenen Überraschung. In jüngster Zeit war bei ihm alles so schnell abgelaufen. Nun hingegen umgab ihn eine Atmosphäre von Stille und Gelassenheit. Er sah, dass der Fernseher immer noch eingeschaltet war, ohne Ton. An den Bildern, die über den Bildschirm flimmerten, hatte er allerdings nicht das leiseste Interesse.

Ein sachtes Klopfen gegen die Glasschiebetür unterbrach die Stille.

»Komm nach draußen. Ich möchte dir was zeigen.«

Es war Francisco. Mickey streifte sich ein Hemd über, zog eine Hose an und öffnete die Terrassentür.

»Was hältst du davon?«, fragte Francisco.

Er brauchte gar nicht weiter auszuführen, worauf er ansprach: Dicke Gewitterwolken hatten sich über dem Meer zusammengebraut. Noch nie hatte Mickey etwas Vergleichbares gesehen.

»Majestätisch«, murmelte er. Zum ersten Mal in seinem Leben kam ihm dieses Wort über die Lippen.

»Jetzt dreh dich um, schau zur anderen Seite«, sagte Francisco.

Das tat Mickey. Da konnte er sehen, dass es hinter ihnen eine ebensolche Anballung von Gewitterwolken gab. Als er den Blick anschließend weiter über den Himmel schweifen ließ, zeigten sich überall die gleichen imposanten Wolkenformationen.

»Eigenartig, findest du nicht?«, sagte Francisco.

Mickey steckte noch immer der Schlaf in den Knochen. Dennoch begriff er auf einmal, was Francisco meinte. Nur ein einziges sonniges Fleckchen gab es da weit und breit: jenen Platz, an dem sie standen. Er ging am Terrassengeländer entlang und schaute hinab. Die durch den Wolkenschatten hervorgerufene Dunkelheit reichte genau bis ans Haus heran. Hier endete sie. Er stand mit Francisco auf einem Flecken, der sich – einer Lichtung gleich – von der ringsum herrschenden Dunkelheit abhob, auf einer Art Lichtinsel.

»Ist das dein Werk?«, fragte Mickey.

»Hast du je von einer Person gehört, die das Wetter unter Kontrolle hat?«

»Nein.« Mickey schüttelte den Kopf.

»Demnach kann ich also, wenn ich das getan habe, keine Person sein.« Francisco lachte über Mickeys Reaktion. »Hier«, sagte er, indem er ihm, in der Hand verborgen, etwas entgegenstreckte.

»Was ist das?«

»Ein Geschenk zur Abschlussprüfung.«

Francisco öffnete die Hand. Drei kleine Gegenstände wurden sichtbar: ein Ring aus Gold, ein ungeformter Goldklumpen und ein goldener Stempel zum Versiegeln von Schriftstücken. Auf Hochglanz poliert, funkelten und glänzten sie im Sonnenlicht.

Bei ihrem Anblick wurde es Mickey unbehaglich. Denn diese drei Gegenstände sahen für ihn ganz so aus wie ein weiteres Rätsel, das er nicht würde lösen können. Francisco las seine Gedanken.

»In ihnen liegt das Geheimnis des Glücks«, sagte er. »Etwas Besseres, um dies zu veranschaulichen, ist mir nicht eingefallen.«

»Wirst du mir das Geheimnis verraten?«

»Du wirst es selbst finden. Nur zu, nimm sie.«

»Was ist, wenn ich noch nicht so weit bin und die Abschlussprüfung bei mir noch gar nicht ansteht? Ich halte es für sehr früh.«

»Niemand zwingt dich«, antwortete Francisco. »*Du* kannst entscheiden, ob du so weit bist.«

Die beiden begannen, am Strand entlangzugehen. Franciscos Augen musterten den Horizont. Draußen auf dem Meer vermochte Mickey indes überhaupt nichts zu erkennen, nicht einmal die üblichen Ausflugsboote und herumtollenden Seelöwen. Schließlich gelangten sie zu einem Häufchen Treibgut, einer Hinterlassenschaft der letzten Flut. Francisco bückte sich und holte aus dem Gewirr des Seetangs einen Stock hervor, der sich unter dem Einfluss der Feuchtigkeit gekrümmt hatte.

»Genau, was wir brauchen«, sagte er.

Mit der Stockspitze zeichnete er eine Linie in den Sand.

»Wir sind bei deiner letzten Lektion angelangt. Bei der wichtigsten.«

»Also gut«, sagte Mickey zögernd.

Francisco wies auf beide Seiten der Linie, die er gerade gezogen hatte. »Hier auf *der* Seite bist du mit deiner Welt, da drüben sind Gott und Gottes Welt. Seit dem Tag deiner Geburt hast du die Grenze, die beide voneinander trennt, nicht überschritten. Jetzt bist du dazu in der Lage.«

»Müsste ich dafür nicht erst sterben?«

Francisco schüttelte den Kopf. »Gottes Welt tut sich in dem Moment auf, in dem du den Unterschied zwischen Illusion und Wirklichkeit begreifst. Du bist, wie bereits erwähnt, der Illusion erlegen, du seiest eine Person auf der Suche nach ihrer Seele. In Wahrheit bist du eine Seele in der Rolle einer Person. Sobald du das wirklich erfasst hast, bist du kein Gefangener mehr. Dann bist du frei.«

Bedächtig fragte Mickey. »Bist du in diesem Moment in Gottes Welt?«

»Ja.«

»Kannst du das genau beschreiben? Ich möchte wirklich zu gern wissen, wie das ist.«

»Dort gibt es nichts zu fürchten, nichts zu verlieren und nichts, woran man festhalten müsste. Dein altes Selbst wirst du dann kaum noch wiedererkennen. Du wirst derjenige sein, der du wirklich bist.«

»Tut mir leid, doch für mich klingt das nicht viel anders, als ginge es ums Sterben.« Mickey unternahm damit eigentlich nur den halbherzigen Versuch, einen Witz zu reißen. Im nächsten Moment hatte Francisco jedoch bereits mit dem Fuß den Sand aufgewirbelt. Die Linie war verschwunden.

»Was ist los?«, wollte Mickey wissen.

Francisco warf ihm einen strengen Blick zu. »Ich frage mich, ob du begreifst, was ich dir anbiete. Dann nämlich würdest du es mit jeder Faser deines Daseins erreichen wollen. Oder andernfalls würdest du schreiend davonlaufen, vor lauter Angst wie von Sinnen.«

»Tut mir leid.«

Obgleich Francisco nicht entging, dass Mickey aufrichtig verlegen war, sagte er diesbezüglich nichts. Stattdessen fügte er beiläufig hinzu: »Der Tag hat gerade erst begonnen. Mal sehen, was er uns noch bringt.«

Sie setzten ihren Strandspaziergang nun fort. Die Lichtung in der Wolkenbank hielt dabei mit ihnen Schritt. Mickey wollte sich allerdings mit dem momentanen Stand der Dinge nicht zufriedengeben.

»Du verlangst da eine gewaltige Veränderung. Vielleicht ist das zu viel für mich«, sagte er. »Ich komme mir hilflos vor.«

»Nicht hilflos genug«, entgegnete Francisco.

»Was soll das heißen?«

»Nach wie vor meinst du, dass du die Zügel in der Hand hältst. Das Ego kommt, mit anderen Worten, abermals ins Spiel. Immer wieder aufs Neue unternimmt es den Versuch, selbst die Zügel in die Hand zu nehmen. Es tut also immer mehr und mehr von dem, was gleich von Anfang an nie funktioniert hat.«

»Genau dasselbe hat Larry mir gesagt. Ich habe ihn wiedergesehen«, sagte Mickey.

»Er hatte recht. Ändern wirst du dich erst, wenn dein Ego sich geschlagen gibt. Und geschlagen geben wird es sich nur, wenn du dich vollkommen hilflos fühlst. Dann endlich nimmt dieses Spiel ein Ende. Du stellst dich dem Unbekannten, so beängstigend und ungewiss es auch sein mag. Genau dort aber musst du dich hinbegeben.«

Liebend gern hätte Mickey eine weitergehende Erklärung erhalten, doch Francisco war mit seinen Gedanken bereits woanders. »Siehst du den Typ dort drüben?«, fragte er.

Unter einem Rettungsschwimmerturm konnte Mickey ein grünliches Stoffknäuel erkennen. Es dauerte einen Moment, bis er herausgefunden hatte, dass dort, eingerollt in einen schmutzigen Armeemantel, in eine Art Parka, ein Mann lag.

»Ja, ich kann ihn sehen.«

»Wie viel Geld hast du bei dir?«, fragte Francisco.

Mickey hatte stets einen nicht ganz unbeträchtlichen Bargeldbestand bei sich. Er öffnete die Brieftasche und zog ein Bündel Hunderter heraus.

»Gut«, sagte Francisco. »Nimm zweihundert Dollar. Geh zu ihm rüber und gib sie ihm. Mal sehen, was passiert. Den Rest behalt ich so lange hier.«

Mickey tat, was Francisco ihm aufgetragen hatte. Nach einer Weile kehrte er zurück.

»Nun?«, fragte Francisco.

»Der Typ war völlig überwältigt. Er schlief gerade seinen Rausch aus. Deshalb hatte er zunächst den Gedanken, ich wolle ihn festnehmen. Als ich ihm das Geld in die Hand gedrückt habe, konnte er es kaum fassen. Ihm sind die Tränen gekommen.«

Inzwischen war der Mann unter der Rettungsschwimmerstation hervorgekommen. Mit einem freudestrahlenden Ausdruck auf seinem grauen Gesicht fing er an, Mickey wie ein Wilder zuzuwinken. Mickey winkte zurück.

»Das war ein schönes Gefühl«, sagte er, während er dem davongehenden Mann nachschaute. Der drehte sich alle paar Sekunden um und winkte erneut.

Im nächsten Moment schaute Mickey hinunter zu Francisco auf dem Boden. Der hatte sich nämlich in den Sand gehockt. Die restlichen Hundertdollarnoten hatte er in der Zwischenzeit zusammengeknüllt, aus ihnen einen kleinen Haufen gebildet und alles angezündet.

»Was machst du denn?«, rief Mickey. Er wollte das kleine

Feuerchen austreten, aber Francisco stellte sich ihm in den Weg.

»Schau es dir einfach an«, sagte er.

»Was soll das heißen, anschauen? Das sind bestimmt tausend Dollar, vielleicht mehr!«, platzte es aus Mickey heraus.

Als keine Chance mehr bestand, das Geld aus den Flammen zu bergen, sagte Francisco: »Wie fühlst du dich jetzt?«

»Miserabel. Worauf willst du damit eigentlich hinaus?«, fragte Mickey mit angesäuerter Stimme.

»Ich wollte wissen, wie vorhersehbar dein Verhalten ist. Als du dem Mann Geld gegeben hast, da hast du dich sehr wohl gefühlt. Jetzt beim Verlust des Geldes hast du dich miserabel gefühlt. Einzig und allein das hat das Ego zu bieten: Du fühlst dich gut; oder du fühlst dich schlecht. Ähnlich wie eine Ratte im Versuchslabor.«

»Ein wirklich kostspieliger Versuch!«, merkte Mickey ohne die leiseste Spur von Begeisterung in der Stimme an.

»Hab ich dir also klarmachen können, worauf ich hinauswollte?«

»Erklär's mir noch mal.« Den Schock, ein ganzes Bündel Hundertdollarnoten in Rauch aufgehen zu sehen, hatte Mickey noch längst nicht verwunden.

»Dazu bist du im Moment zu verärgert«, meinte Francisco. »Sobald du die Wahrheit erkennst, wirst du darüber lachen. Wie wär's gleich jetzt mit einem Lacher? Hast du einen Witz für mich parat?«

Das war bloß ein faules Ablenkungsmanöver, darüber war sich Mickey im Klaren. Aber eine Ablenkung konnte er im Moment tatsächlich gut gebrauchen.

»Bei einem Strandspaziergang«, erzählt Mickey, »findet ein Mann eine im Sand vergrabene Messinglampe. Als er sie ein wenig blank rubbelt, springt ein Geist aus ihr hervor. ›Du hast mich befreit‹, sagt der Geist. ›Anstelle der üblichen drei Wünsche werde ich dir einen einzigen Wunsch erfüllen. Dafür darf es dann aber der größte Wunsch auf der Welt sein.‹

Der Mann nimmt sich eine Minute Bedenkzeit. ›Mein Leben lang bin ich noch nie auf Hawaii gewesen. Bau mir eine Brücke, damit ich dort hinfahren kann, wann immer ich möchte.‹

›Bist du von Sinnen?‹, ruft der Geist. ›Die Strecke reicht ja über den halben Pazifik. Niemand kann über eine derartige Distanz eine Brücke bauen. Wünsch dir was anderes.‹

Erneut besinnt sich der Mann. ›Gut, ich will wissen, was Frauen wirklich denken.‹

›Willst du eine ein- oder eine zweispurige Brücke haben?‹, fragt der Geist.«

Mickey war erleichtert, als er Francisco lachen sah. So hatte sich die zwischen ihnen entstandene Spannung in Wohlgefallen aufgelöst. Nahe am Wasser saßen sie zusammen im Sand.

Eine Minute später kreiste, auf der Suche nach dem einen oder anderen Bissen, eine Möwe über ihnen. Bevor sie enttäuscht abdrehte und davonflog, stieß sie noch einen schrillen Schrei aus.

»Warum ist dieser Vogel frei, die Menschen hingegen nicht?«, fragte Francisco.

»Der Vogel kennt es nicht anders«, mutmaßte Mickey.

»Richtig. Und für ihn besteht auch keinerlei Notwendigkeit, es anders zu kennen. Er ist in Gottes Welt hineingeboren worden und hat keinen Grund, sie zu verlassen. Warum aber tun wir es? Was hat uns zu der Annahme veranlasst, wir müssten auf der einen Seite der Linie leben, Gott hingegen sei auf der anderen Seite zu finden? Denkt man ein wenig darüber nach, ergibt das keinen Sinn. Mich kümmert es nicht, an welche Religion jemand glaubt. Egal, ob sich nun rausstellen würde, dass Gott er, sie oder es ist – es wäre ohne Belang. In jedem Fall muss Gott aber überall sein. Ansonsten ist Gott nicht Gott.«

»Wie also komme ich nach überall?«, wollte Mickey daraufhin wissen.

Francisco lächelte, wurde jedoch gleich im nächsten Moment wieder nachdenklich. »Als ich jung war«, sagte er, »bin ich bei dem Versuch, Gott zu finden, auf eine völlig ungeeignete Art und Weise vorgegangen. Wo immer er war, bin ich irgendwie nicht gewesen. Ich habe mich abgerackert. Ich habe nach ihm gerufen, ich habe Tränen geheult. Wenig später habe ich dann aber meinen Wegbegleiter kennengelernt. Er hat mir etwas gezeigt.« Francisco sprang auf. Er zog Mickey am Arm, hin zum Ufer und schließlich bis zu den Knien mit ins Wasser. Mickey spürte einen gewissen Sog an den Füßen, während die in den kalten Sand einsackten.

»Wie kann man denn«, fragte Francisco, »nach Gott auf die Suche gehen, wenn er längst schon hier ist? Das ist so ähnlich, als würden wir, während wir im Meer stehen, laut rufen: ›Ich will nass werden.‹ Du willst die Linie zu Gott überqueren. Aber er war, so stellt sich dann heraus, bereits die ganze Zeit gegenwärtig.« Franciscos Augen begannen zu leuchten.

»Gnade wird denjenigen Menschen zuteil, die sich nicht länger abmühen. Hat man wirklich begriffen, dass man gar nichts dazu beitragen kann, Gott zu finden, so zeigt er sich unversehens. Das ist das tiefgründigste aller Mysterien, das Einzige, was zählt.«

AM TAG SEINER Abschlussprüfung verbrachte Mickey aber nicht die ganze Zeit mit Francisco am Strand. Er habe Hunger, erklärte Francisco, und er bestand darauf, einen ganz bestimmten Platz im Stadtzentrum aufzusuchen. Eine Erklärung für das Warum gab er nicht. Mickey nahm allerdings an, er werde schon seinen Grund dafür haben.

Unterwegs sagte Francisco: »Vorhin am Strand hast du eine ganz geniale Frage gestellt.«

»Das hab ich getan?«, fragte Mickey.

»Ja. ›Wie komme ich nach überall?‹ So lautete deine Frage. Du und ich, wir werden das gemeinsam beantworten.

Wenn Gott überall ist, kann der Weg, der dorthin führt, indes keine gerade Linie sein. Ich werde dir zeigen, was ich meine.«

Da Francisco auf dem gesamten weiteren Weg in die Stadt kein Wort mehr sprach, hatte Mickey Zeit, sich über seinen bemerkenswerten Begleiter Gedanken zu machen. Francisco war von vollkommen natürlicher und ungekünstelter Zuversicht beseelt. Nichtsdestoweniger verlieh er, jedenfalls bei denjenigen Gelegenheiten, bei denen Mickey darauf geachtet hatte, immer wieder seiner Verwunderung Ausdruck. Geht beides vielleicht, fragte Mickey sich, mit dem Freisein Hand in Hand?

In Sichtweite der Innenstadt zeigte Francisco neuen Elan. »Lass uns schnell ein paar Happen essen, anschließend kommen wir dann an jenen Ort zurück, an dem der ganze Ärger begonnen hat. Wir gehen an die Stelle, an der die Verbindung unterbrochen wurde, an der die Menschheit ihre Unschuld eingebüßt hat, an der den Menschen Gottes Liebe verloren gegangen und wo sie zu Hass oder im günstigsten Fall zu Gleichgültigkeit geworden ist.«

»Offenbar sprichst du vom Garten Eden«, sagte Mickey.

»Genau. Dorthin wollen wir aufbrechen. Nur nicht mit leerem Magen.«

Den Wagen ließen sie auf einem Parkplatz. Dann fand Francisco auch das Restaurant, in dem er mit Mickey essen gehen wollte. Es sollte eine griechische Mahlzeit voller Wohlgerüche werden. Moussaka gab es, Lammfleischsouflaki vom Drehspieß, den mit Pinienharz aromatisierten Retsina. Lauter urwüchsige Speisen, so urwüchsig wie das stämmige griechische Ehepaar, das hinter der Theke seiner Arbeit nachging.

Alle Versuche, Francisco zum Besuch des Gartens Eden zu *drängen*, würden nichts bringen. Das wusste Mickey. Immerhin aber konnte er auf seine Weise einen Beitrag zu dem Thema leisten.

»Niemand erzählt heutzutage noch Witze über Adam und Eva«, sagte er. »Als Kind hab ich solche Witze in rauen Mengen kennengelernt.

Warum hat Gott zuerst Adam erschaffen? – Damit ihm eine Chance blieb, was zu sagen.

Heute fänden das viele Leute gar nicht mehr so lustig. Vielleicht sind solche Witze aus diesem Grund von der Bildfläche verschwunden. Denn vielfach waren sie ordinär, oder sie sind auf Kosten der Frauen gegangen. Hier hab ich aber einen, der letztens noch für einen ordentlichen Lacher gesorgt hat:

Gott kommt zu Adam und sagt: ›Ich habe eine gute und eine schlechte Nachricht für dich. Welche willst du zuerst hören?‹

›Die gute Nachricht‹, antwortete Adam.

›In Ordnung: Ich habe dich mit Verstand *und* Penis ausgestattet.‹

Darauf Adam: ›Das *ist* eine gute Nachricht. Und wie lautet die schlechte?‹

›Das Quantum Blut, das ich dir mitgebe, reicht gerade so weit, dass du immer nur entweder von dem einen oder von dem anderen Gebrauch machen kannst.‹«

Selbst wenn Mickey sprach, hielt ein anderer Teil seiner selbst Francisco genauestens im Blick. Womöglich sah er seinen Begleiter gerade zum allerletzten Mal. Konnte es denn überhaupt sein, dass er bereits genug von ihm gelernt hatte? Würde er vielleicht niemals erfahren, wie Francisco mit vollem Namen heißt oder wo er wohnt?

»Ich will dich nicht länger auf die Folter spannen«, sagte Francisco, während er die letzten Bissen seines Gyros-Sandwiches verspeiste. Mit dem Kopf wies er in Richtung des Gebäudes auf der gegenüberliegenden Straßenseite. »Dorthin gehen wir gleich.«

»Ins Amtsgericht?«

»Ganz speziell zu dem für Ehescheidungen zuständigen Gericht«, sagte Francisco. »Nirgends sonst kommen wir dem Garten Eden so nahe. Hier wie da beginnt alles mit Liebe und Zusammengehörigkeit. Es endet dann mit Wut und Trennung. Ich möchte dir in Erinnerung rufen, wie sich das anfühlt.«

Den Weg zum Gerichtsgebäude hatten sie schnell hinter sich gebracht. Drinnen im Gericht war es dunkel und roch muffig. In der zweiten Etage, wo die Scheidungsangelegenheiten geregelt wurden, war die Atmosphäre bleischwer von all dem Kummer. Paarweise sah Mickey Menschen vor dem Eingang zum Gerichtssaal stehen, bevor sie diesen betraten.

Wo man hätte denken können, Mann und Frau vor sich zu haben, handelte es sich in Wahrheit um die Noch-Ehefrau mit ihrem Anwalt.

»Was für einen unglücklichen Eindruck sie doch alle miteinander machen!«, meinte Mickey, der selbst schon dort gewesen war. »Warum müssen wir uns das ansehen?«

»Müssen wir nicht«, erwiderte Francisco.

»Der Garten Eden«, fuhr Francisco fort, »mag ja ein Mythos sein. Wofür aber steht dieser Mythos? Für eine unglückliche Scheidung zwischen Gott und den Menschen. Und was geschieht bei einer Scheidung? Sind sie geschieden, wähnt sich jede der beiden Parteien vollauf im Recht. Im Unterschied dazu bleibt, solange man noch verheiratet ist, Raum für ein Geben und Nehmen. Es kommt zu Streitigkeiten, anschließend rauft man sich wieder zusammen. Im Grunde seines Herzens ist man vielleicht nach wie vor der Überzeugung, selbst im Recht zu sein. Beide aber wollen weiter zusammenleben. Das bedeutet, dass sie Kompromisse eingehen müssen.

Nach der Scheidung sieht alles anders aus. Die Ex hat nun total unrecht. Man selbst ist vollkommen im Recht. Daraus resultieren völlig unverrückbare Positionen. Niemand gibt nach, zumindest nicht lange.«

»Wer ist denn aus der Scheidung zwischen Gott und den Menschen als ›Sieger‹ hervorgegangen?«, meinte Mickey.

»Anscheinend er. Der Mensch hat seine Unschuld verloren. Nun hat er das Gefühl, ein Sünder zu sein. Da die Menschen aus dem Paradies vertrieben wurden, waren sie der Ansicht, es müsse einen Grund dafür geben.«

»Gab es den nicht?«

Mickey schüttelte den Kopf. »Diese Scheidung hat niemals stattgefunden. Du hast mich gefragt, wie du nach überall kommen kannst. Wenn du etwas derart Schlechtes getan zu haben glaubst, dass Gott dadurch zu deiner/deinem Ex geworden ist, wirst du jedenfalls nie dorthin gelangen.«

Francisco machte auf dem Absatz kehrt und ging Richtung Aufzug. Mickey folgte ihm. »Was du da sagst, klingt ganz schön zynisch. Gerade von dir hätte ich das eigentlich gar nicht erwartet.«

»Ich bin nur realistisch. Aus Liebe und Verbundenheit werden Wut und Trennung. Doch du brauchst nur von morgens bis abends in diesen Hallen zu bleiben, schon wirst du es hundertmal am Tag erleben. Und ob sie es wissen oder nicht, all diese Paare setzen ein im Grunde uraltes Drama wieder neu in Szene.«

Francisco drückte den Knopf, um den Aufzug auf die Etage zu holen. Während sie warteten, sagte er: »Ein Zyniker wäre ich, würde ich die Auffassung vertreten, daran lasse sich nichts ändern. Aber man kann daran etwas ändern.«

Ein paar Minuten später spazierten sie wieder draußen durch den Sonnenschein. Mickey hatte sich über seine Scheidung von Dolores Gedanken gemacht. Denn dass er ausgerechnet sie anrief, nachdem die Geschehnisse im Umfeld von Larrys Tod ihn so aufgewühlt und verwirrt hatten, geschah keineswegs von ungefähr.

Eigentlich platzte er gewohnheitsmäßig in ihr Leben hinein, mochte sie ihn auch noch so oft aufgefordert haben, das bleiben zu lassen. Auf einer gewissen Ebene war ihm sogar bewusst, warum er es tat: Er konnte einfach nicht glauben, dass er sie verloren hatte. Ihm fehlte die geistige Bereitschaft, das zu akzeptieren.

»Immer noch willst du den Sieg davontragen«, sagte Francisco.

Dadurch wurde Mickey jäh aus seinen Gedanken gerissen. »Was?«

»Du hast über deine Ehe nachgedacht. Dolores willst du zurückhaben, denn das brächte dich in die Position des Siegers. Durch die Scheidung gerätst du hingegen ins Lager der Verlierer.«

»Das klingt ja grausam!«, murrte Mickey.

»Nicht, wenn man es von einer anderen Seite her betrachtet: Der Wunsch nach ewiger Liebe hat dich fest im Griff. Du willst nicht glauben, dass sie sich in Hass verwandeln kann. Das Gleiche trifft auf die Menschheit insgesamt zu. Obgleich den Menschen jahrhundertelang von der Sünde und dem Sündenfall gepredigt wurde, hat sich die Erinnerung ans Paradies erhalten. Die Menschen versammeln sich in Kirchen, um sich davon zu überzeugen, dass es die Scheidung von Gott nie gegeben habe.«

»Eben hast du mir noch erklärt, sie habe tatsächlich nie stattgefunden«, meinte Mickey.

»Stattgefunden hat sie, sobald du es glaubst. Daran erweist sich die Kraft der Illusion.«

Die rings um das Gerichtsgebäude stehenden Palmen waren betagte Riesen. Unwillkürlich stellte Mickey sich vor, es handle sich um eben die Bäume, die einst auch im Garten Eden Schatten spendeten. Womöglich kam da gerade ein Erinnerungsfragment aus der Zeit des Religionsunterrichts in ihm hoch. Oder es rührte von den Bibelillustrationen her, die man Kindern zeigt.

»Scheidung von Gott ist eine außerordentlich kraftvolle Illusion«, erklärte Francisco. »Da ihr jedoch keine Realität innewohnt, fällt der Weg zurück viel leichter, als es den Anschein hat.«

»Was wäre also notwendig«, fuhr er fort, »damit du wieder mit deiner Frau zusammenkommen könntest?« Er wartete gar nicht, bis Mickey darauf eine Antwort gab. »Etwas ist zwischen euch getreten. Jenes Etwas muss deshalb wieder beseitigt werden.«

»Was ist es?«

»Ihr habt einander Widerstand entgegengesetzt. Dadurch ist das Geben und Nehmen auf der Strecke geblieben. Am Ende musste eine/r von euch recht haben, das Gegenüber hingegen unrecht. Siehst du den entscheidenden Punkt? Um Dolores zurückzugewinnen, brauchst du die Situation nur umzukehren. Lass sie recht haben!«

»Ich wünschte mir, das könnte ich«, sagte Mickey kopf-schüttelnd.

»Du kannst es«, erwiderte Francisco. »Wenn nicht mit ihr, dann mit Gott. Er hat recht. So war es immer schon, weil Gott in Wirklichkeit einzig und allein Liebe ist. Er will das Beste für dich und will nichts für sich. Schon den aller-kleinsten Schritt, schon die leiseste Bewegung deinerseits nimmt er mit offenen Armen auf.«

Mickey atmete tief durch. »Zeig mir, was ich zu tun habe, dann werde ich es tun«, sagte er.

»So machen wir's.« Er schenkte Mickey ein zustimmendes Nicken und schickte sich an zu gehen.

»Was ist los?«, rief Mickey.

Mit einem Blick über die Schulter schaute Francisco ihn an: »Soeben hast du die Abschlussprüfung bestanden. Du hast die richtige Entscheidung getroffen. Gratuliere.«

»Du meinst, hier endet es?«, sagte Mickey bestürzt.

»Ja. Und zugleich beginnt es hier. So läuft es bei diesen Dingen.«

Francisco setzte seinen Weg fort. Mickey verspürte einen unwahrscheinlich starken Drang, ihm hinterherzulaufen. Doch dann kam ihm etwas Besseres in den Sinn: Jedes Mal, wenn Francisco fortgegangen war, tauchte er letztlich wieder auf. Mickey musste nur Geduld aufbringen.

Bis dahin hatte er geistig noch sehr vieles zu verdauen. Der heutige Tag war wirklich höchst intensiv gewesen: der intensivste seit ihrer ersten Begegnung. Sobald Mickey so weit war, würde sein Wegbegleiter sicher wieder auf der Bildfläche erscheinen.

Das waren beruhigende Gedanken – mit denen er allerdings gründlich danebenlag. Das sollte Mickey allerdings erst eine ganze Weile später feststellen.

AUS TAGEN WURDEN Wochen. Aus Wochen wurden Monate. In seiner Freizeit tat Mickey sonderbare Dinge. Den Fernseher ließ er Tag und Nacht eingeschaltet – für den Fall, dass Larry ihm etwas mitzuteilen hätte. Unverhältnismäßig viel Zeit verbrachte er damit, sich selbst im Spiegel anzuschauen. Im Verlauf seiner Strandspaziergänge mit Payback kam es regelmäßig mindestens einmal vor, dass Mickey meinte, in der Ferne einen großgewachsenen Mann mit Spitzbart ausmachen zu können.

Seinen Mitmenschen blieb dieses eigentümliche Verhalten freilich verborgen. In den Augen der Außenwelt war er nach wie vor derselbe alte Mickey Fellows. Sobald er sich wieder im gewohnten Trott befand, verschaffte Alicia ihm mehr Auftritte, als er zu bewältigen vermochte – plus ein Dutzend Drehbücher pro Woche, die er für ein mögliches Filmprojekt in Erwägung ziehen konnte. Die aber stapelten sich neben seinem Bett und begannen zu verstauben, ohne dass er sie angerührt, geschweige denn gelesen hätte.

Für das, was da in ihm vorging, hatte Alicia eine bessere Antenne als irgendjemand sonst: »Du hast dich verändert«, sagte sie eines Tages am Telefon.

»Verändert? Inwiefern?«, fragte Mickey.

»Ich bin mir nicht sicher. Als wärst du von Außerirdischen entführt worden. Die haben allerdings beschlossen, lieb zu dir zu sein.«

Aus Sicht der übrigen Welt hatte Mickey sich hingegen kein bisschen verändert. Hatte Francisco ihm nicht gesagt, dass niemand etwas bemerken würde?

Unter all den Dingen, die sein Wegbegleiter ihm gezeigt hatte, gab es etwas, dessen Anblick sich Mickey besonders stark eingeprägt hatte: eine in den Sand gezeichnete Linie. Francisco, dieser Gedanke kam ihm im Nachhinein, musste sie ein für alle Mal überquert haben.

Nach drei Monaten wurde Mickey, als er morgens aufwachte, jedenfalls klar, dass er nun wirklich auf sich allein gestellt war. Falls Gott unsere Gedanken mithört, dann muss dies der Gedanke gewesen sein, auf den er schon gewartet hatte.

Zunächst schien auch weiterhin alles einfach seinen gewohnten Gang zu gehen.

Eines Tages sprang Mickey kurz aus dem Wagen, um sich im Palisades chinesisches Essen nach Hause mitzunehmen. In dem Laden herrschte ziemlich großer Andrang, und so stieß Mickey beim Hineingehen mit jemandem zusammen, der gerade das Restaurant verlassen wollte.

Der Typ, dessen Aufmerksamkeit von einem Handytelefonat komplett in Anspruch genommen wurde, schaute nur kurz auf und murmelte: »Tut mir leid, Kumpel.« Dann ging er weiter.

Mickey starrte ihn an: »Arnie?«, rief er ihm hinterher.

Der Mann drehte sich um, das Ohr immer noch wie am Hörer festgewachsen: »Ja bitte? Kennen wir uns?«

»Offenbar doch nicht. Mein Fehler.«

Der Typ nickte und ging zum Wagen. Verwundert blieb Mickey stehen. Er kannte Arnie. Anfangs hatten sie Auftritte in denselben Klubs gehabt. Seinerzeit waren sie gute Kollegen. In den letzten Jahren hatten sich ihre Wege dann allerdings nicht mehr gekreuzt.

Dennoch: Wie konnte es bloß möglich sein, dass Arnie ihn nicht wiedererkannte?

Kleinigkeiten dieser Art begannen sich nun zu häufen. Anscheinend, so stellte Mickey fest, nickte ihm auf der Straße niemand mehr zu. Keiner der Passanten schien ihm ein Lächeln zu schenken. Seinem Wunsch, für sich zu sein, kam diese Anonymität zwar sehr entgegen, dennoch fand er es sonderbar, dass drei Tage verstreichen konnten, ohne dass er mit einem Autogrammwunsch konfrontiert wurde oder ein Fan zaghaft den Versuch unternahm, ihm die Hand zu schütteln.

Am vierten Tag geschah dann etwas Beachtliches. In Westhollywood fuhr Mickey zu einem Bankomaten. Er brauchte etwas Bargeld, daher hielt er am erstbesten Automaten, den er erblickte. Aber das dämliche Gerät rückte seine Karte nicht mehr raus. Mickey hämmerte mit der Faust gegen den Bankomaten. Anschließend rief er unter der am Bildschirm angegebenen Servicenummer an. Der Dame am anderen

Ende der Leitung nannte Mickey die Kreditkartennummer. Längst kannte er sie auswendig.

»Tut mir leid, mein Herr, das ist keine gültige Kartennummer«, sagte sie höflich.

Ziffer für Ziffer wiederholte Mickey die Nummer, ganz langsam. Es half nichts. Dann bat er sie, in der Computerdatenbank seinen Namen rauszusuchen. Dort fand sie ihn aber ebenso wenig. Frustriert fluchte er leise vor sich hin. Der Kundenbetreuer seiner Bank würde das am Montag ins Lot bringen müssen. Mickey holte eine Ersatzkarte heraus und versuchte mit ihr, an sein Bargeld zu kommen. Der Automat verschlang die zweite Karte jedoch ebenfalls.

»Hurensohn.«

Das war aber, wie sich zeigen sollte, erst der Startschuss: Eine wahre Lawine aus lauter aberwitzigen Begebenheiten kam nun ins Rollen. In Santa Monica hielt er an einem Spirituosengeschäft, um dort einen Scheck einzulösen. Der zuständige Mitarbeiter, ein gelangweilt aussehender Araber, vertrieb sich die Zeit, indem er auf einem über Kopf angebrachten Fernsehbildschirm die Sportberichterstattung verfolgte. Ohne die Augen von dem Spiel abzuwenden, steckte er den Scheck in die Registrierkasse. Die spuckte ihn umgehend wieder aus.

»Nicht in Ordnung«, murmelte der Angestellte und gab Mickey den Scheck zurück.

»Auf dem Konto ist genügend Geld. Probier's noch mal«, sagte Mickey.

Der Angestellte würdigte ihn keines einzigen Blickes. »Fauler Scheck. Verschwinde.«

Zurück im Wagen auf dem Parkplatz des Spirituosenladens dachte Mickey nach. Über jenen Punkt, an dem man noch von Zufall hätte sprechen können, waren die Dinge längst hinaus. Das sagte ihm die Logik. Was also hatte all das zu bedeuten? Er merkte, wie Panik in ihm hochkam – für jemanden, der drauf und dran ist, ausradiert zu werden, eigentlich eine ganz natürliche Reaktion. Da fiel ihm etwas ein. Francisco hatte es ihm vor Monaten gesagt:

Die Person, die du zu sein glaubst, gleicht einer Illusion. Tatsächlich existiert sie nicht.

Als Mickey dies seinerzeit hörte, hat er darauf nicht reagiert. Ganz anders jetzt: Er spürte, wie er innerlich zu beben begann. Der Ausgangspunkt dieses Zitterns befand sich tief in ihm. Er stand im Begriff zu verschwinden!

Jenes Selbst, über das er zu verfügen meinte, flog gerade auf und davon wie Schnipsel alten Zeitungspapiers, die auf der Straße rumliegen. Eine andere Erklärung gab es nicht.

Er beschloss, Dolores anzurufen. Während er wartete und dem gleichförmigen Signalton lauschte, sandte er Stoßgebete aus, dass sich bloß nicht wieder der automatische Anrufbeantworter einschalten möge. Aber was sollte er ihr denn überhaupt erzählen? Mit einem Affenzahn hechelte er im Geist alle erdenklichen Möglichkeiten durch. Doch ihm blieb nicht die Zeit, eine klarere Vorstellung vom Verlauf des

Gesprächs zu entwickeln. Er würde die Dinge so nehmen müssen, wie sie kämen!

»Hallo?«

»Schatz, ich bin's.«

Von Dolores kam keine Antwort.

An dem Tag, als Larry starb, hatte Mickey die Erfahrung gemacht, welch eine unwahrscheinlich große Kluft sich zwischen dem, was einem Angst einjagt, und dem, worauf sich die Hoffnung richtet, auftun kann – eine Kluft so groß und breit wie der Grand Canyon. Nun durchlebte er diese Erfahrung bereits zum zweiten Mal.

Schließlich sagte sie: »Wer spricht denn da?«

Mickey hielt den Atem an. Demnach bestand noch eine Chance!

»Ich bin's, Mickey. Hast du denn meine Stimme nicht erkannt?«

Erneut eine Pause. Diesmal wusste Mickey freilich, dass er sich keine Hoffnung mehr zu machen brauchte. Dolores sagte: »Keine Ahnung, wer Sie sind. Aber von Perverslingen nehme ich keine Anrufe entgegen, und definitiv bin ich nicht Ihr Schatz.«

Klick.

Mickey spürte, wie ihm Perlen kalten Schweißes die Stirn runterliefen. Mit dem Handrücken wischte er den Schweiß fort. Dann ließ er den Motor anspringen. Die nächste Stunde verbrachte er damit, in der Gegend rumzukurven, ohne zu wissen, wohin er eigentlich wollte. Er hätte in einen jener

Läden fahren können, wo man ihn bestens kannte. Er hätte sich aus dem Autofenster beugen und jedem Passanten auf dem Bürgersteig zuwinken können. Aber Mickey tat nichts dergleichen. Und das hatte einen sonderbaren Grund.

Warum eigentlich nicht verschwinden?

Diese schlimme, diese entsetzliche Angst vor der Auslöschung begann sich also tatsächlich in Wohlgefallen aufzulösen. Er geriet nicht mehr in himmelschreiende Panik. Angesichts der Möglichkeit, jene Haut abzustreifen, die er Mickey Fellows nannte, überkam ihn vielmehr zunehmend das Gefühl, dies sei genau das Richtige für ihn. Das mochte ganz ähnlich sein wie bei einer sich häutenden Schlange oder einem sich entpuppenden Nachtpfauenauge. Auf einmal hatte Mickey sein altes Selbst unglaublich satt, war seiner überdrüssig. Für ihn glich es nun einer abgewetzten und verschlissenen Hülse. Nichts weiter war es.

Dennoch wollte er sich unbedingt vergewissern.

Nach dem zweiten Klingeln nahm Alicia den Anruf entgegen.

»Hallo, Mickey hier. Wir sollten unbedingt miteinander reden.«

»Augenblick bitte, die Musik ist zu laut.«

Alicia ging fort, um sie leiser zu stellen. Für einen Moment fragte sich Mickey, ob ihm dadurch wohl eine letzte Galgenfrist eingeräumt werden sollte. Vielleicht wollte Gott ihn auf diese Weise fragen: »Bist du dir wirklich sicher, dass du das machen willst?«

Alicia kam an den Apparat zurück: »Falls es hier um die geistigen Eigentumsrechte gehen sollte, kann ich Ihnen nur sagen, wir werden uns bei diesem Deal nicht verarschen lassen. Setzen Sie sich mit meinem Anwalt in Verbindung.«

Mickey holte einmal tief Luft: »Nein, ich bin's, Mickey. Ich habe gerade an einer neuen Nummer gearbeitet. Willst du hören, wie sie anfängt?«

»Was? Wer zum Teufel –«

Er legte auf, bevor sie den Satz beenden konnte. Die Verbindung wurde zwar lediglich durch ein leises Klicken getrennt, für Mickeys Ohren klang es jedoch wie ein lauter Knall, als würde ein Seil zerreißen. Für seine Nichtexistenz hatte er inzwischen genügend Belege. Willkommen im Unbekannten. Jetzt galt es für ihn herauszufinden, wie sich damit leben ließ.

Wo Gefühle im Spiel sind, sollte man nichts überstürzen. Also verkroch Mickey sich eine Woche lang und lebte hinter heruntergelassenen Jalousien. Kein Fernsehabend, keine Strandspaziergänge.

Eines Morgens wollte er Payback zu einem Spaziergang mitnehmen, doch sie knurrte ihn an. Von dem Versuch, sie anzuleinen, nahm er daraufhin Abstand. Stattdessen hockte er sich lieber zu ihr hin. Payback schaute ihn missmutig an und legte den Kopf zwischen die Vorderpfoten.

Als Mickey am Strand ein paar Kinder fand und ihnen den Hund gab, freuten sie sich wahnsinnig. Mickey sah zu, wie sie mit Payback davongingen. Payback schaute sich nicht um, und ihm machte es nichts aus. Ganz als hätte er nie einen Hund gehabt.

Das war, wie sich herausstellen sollte, der letzte Meilenstein. Mickey unternahm keinen Versuch, das Haus zu verkaufen. Er hatte genügend Geld auf die Seite geschafft, um sich gut über Wasser halten zu können, bis sich da etwas Neues für ihn ergeben würde. Er ging nicht davon aus, dass er für immer ausgelöscht bleiben würde.

Von außen betrachtet hätte man den Eindruck gewinnen können, Mickey sei abgestraft worden. Solch ein Gefühl hatte er selbst jedoch keineswegs. Dieser Mann, der da ganz für sich am Ende der Hafenmole von Santa Monica saß, war nicht einsam. Er blickte hinaus auf den Ozean und dachte: *Ich bin der Ozean.* Er schaute zum Himmel empor und dachte: *Ich bin der Himmel.* Wohin er auch sah, erblickte er sich selbst. Als sei er aus einem Käfig herausgelassen worden – in eine in alle Richtungen sich erstreckende Ewigkeit.

Einzig und allein durch einen Hauch von Nostalgie wurde dieser erhabene Daseinszustand leicht getrübt: Im Hotel Bel-Air hatte man Mickey Fellows stets geradezu königlich behandelt. Deshalb war er immer wieder versucht, dorthin zurückzukehren, nur um ein weiteres Mal erleben zu können, welch ein Gefühl das ist.

Eines Tages gab Mickey diesem Drang nach. Aber als er vorfuhr, warf ihm der Hoteldiener, der den Wagen in Empfang nahm, nur einen uninteressierten Blick zu. Der Türsteher schaute ihn kurz an, dann widmete er sich wieder seinen sonstigen Aufgaben und orderte mit einem Pfeifsignal ein Taxi herbei. Im Restaurant hob der Oberkellner den Blick. Sein Gesicht blieb dabei zunächst ausdruckslos.

Aber dann zeigte sich doch noch ein Lächeln: »Der Herr dort drüben erwartet Sie bereits«, murmelte er.

Ein Kellner im Frack führte ihn an einen Tisch im Zentrum des Raumes, an dem Francisco saß.

Mickey wusste gar nicht, was er sagen sollte.

»Du hast die Linie überquert«, sagte Francisco, während Mickey sich hinsetzte.

Ohne zu zögern, erwiderte Mickey: »Ja, das hab ich getan. Niemand erkennt mich. Das war der Durchbruch, ich bin frei.«

»Kehr dieser Welt nicht den Rücken«, sagte Francisco, »sie ist genau der richtige Ort, um Gott zu lieben. Mach das Bestmögliche daraus.«

Mickey verspürte eine bemerkenswerte Zufriedenheit. Als der gedünstete Spargel mit Sauce Hollandaise, den er bestellt hatte, serviert wurde, brach er in Gelächter aus.

»Wenn ich hierhin schaue, *bin* ich Spargel«, meinte er. »Ist das nicht wirklich zum Lachen? Mit allem verschmelze ich. Alles versetzt mich in Begeisterung. Bloß stell ich mir manchmal die Frage, ob nicht vielleicht jemand all das wieder fortnehmen wird.«

»Nein, das tust du nicht, nicht wirklich«, berichtigte ihn Francisco.

Während des Essens gab es ansonsten nicht viel zu sagen. Doch zum Ende hin ergriff Francisco das Wort. »Ich bin hierhergekommen, um zu sehen, wie es dir ergeht. Erzähl es mir.«

»Alles ist viel leichter geworden für mich«, antwortete Mickey. »Ich bin jetzt tatsächlich da, wohin du mich bringen wolltest.«

»Wohin wollte ich dich denn bringen?«, fragte Francisco.

»Zuerst einmal über die Angst hinaus. Als ich aufgehört habe, mich zu ängstigen, war ich sicher. Zweitens über das Ego hinaus. Als ich nicht länger auf mein Ego gehört habe, brauchte ich niemandem mehr etwas zu beweisen. Drittens über die Abhängigkeit hinaus. Als ich nicht länger darauf aus war, den nächsten Kick zu erleben, ist die innere Verzweiflung von mir gewichen.«

»Und was folgt als Nächstes?«, fragte Francisco.

»Das weiß ich nicht. Dafür ist das alles zu neu für mich«, räumte Mickey ein. »Kannst du es mir sagen?«

»Was jetzt einfach für dich ist, wird noch einfacher werden«, meinte Francisco. »Was du früher erlebt hast, war persönliches Glück. Du hattest einen Grund, glücklich zu sein, und keinen Grund, traurig zu sein. Darauf hat es beruht. Ein Glück, das auf Gründen beruht, kann einem allerdings jederzeit entrissen werden. Jetzt bist du *ohne* Grund glücklich. So ein Glück ist ungleich beständiger. Ohne Vorlieben oder Abneigungen kannst du *in dir* glücklich sein. Selbstverständlich gilt es anschließend, eine letzte, darüber noch hinausgehende Stufe zu erreichen.«

An der Stelle unterbrach Francisco seine Ausführungen. »Was ich dir jetzt vermitteln möchte, kann man kaum in Worte fassen. Hast du noch dein Abschlussgeschenk?«

Mickey holte einen Samtbeutel aus der Tasche hervor. Den Inhalt breitete er auf dem Tisch aus: einen Goldring, einen Goldklumpen und einen goldenen Siegelstempel.

Francisco deutete auf alle drei Teile: »In ihnen liegt, wie bereits gesagt, das Geheimnis des Glücks. Die drei Stücke gehörten einst einem reichen Sammler. Während er schlief, stritten sie immerzu. Er sei etwas Besseres als die beiden anderen, sagte der Goldring, denn er sei für den Finger einer reichen Braut geschaffen worden. Nein, er sei besser als die anderen beiden, sprach der Goldklumpen, weil Bergleute ihr Leben aufs Spiel gesetzt hätten, um ihn zu finden. Und der goldene Stempel erklärte, nein, er sei besser als die anderen beiden, da er königliche Schriftstücke und Verlautbarungen mit einem Siegel versehen habe.

So stritten sie sich nun Tag und Nacht, bis der Ring schließlich sagte: ›Lasst uns Gott fragen. Er soll darüber entscheiden, wer von uns der Beste ist.‹ Die beiden anderen waren damit einverstanden. Also wandten sie sich an den Allmächtigen. Jeder brachte seine Argumente für die eigene Überlegenheit vor. Gott hörte ihnen aufmerksam zu. Als sie endlich fertig waren, sagte er: ›Euren Streit kann ich nicht beilegen, bedaure.‹

›Was soll das heißen, dass du unsere Streitigkeit nicht beilegen kannst?‹, empörte sich der Stempel. ›Immerhin bist du Gott.‹

›Das ist ja das Problem‹, erwiderte Gott. ›Weder sehe ich einen Ring, noch einen Klumpen oder einen Siegelstempel. Ich sehe lediglich Gold.‹«

Dieses kleine Gleichnis schien Francisco sehr zu bewegen. »Begreifst du?«, fragte er mit sanfter Stimme.

»Das Dasein ist reines Gold. Nichts weiter wird benötigt«, sagte Mickey. »Was wird geschehen müssen, damit jeder dies begreift?«

Als sie nach draußen gingen, stand die Frage weiter im Raum – bis sie auf jenem Duft von Jasmin und Frangipani, den der üppige Hotelgarten verströmte, davonschwebte.

Mickey und Francisco umarmten einander. Dann ging jeder seines Weges. Die Gnade hatte auf ihrem Weg durchs Universum unfehlbar ins Ziel gefunden und mit ihrem Funken einen Menschen zu neuem Leben erweckt.

Nach sonderlich viel klingt das eigentlich nicht, wenn man bedenkt, dass Milliarden von Menschen die Erde bevölkern. Andererseits sagen die alten Weisen – und die sollten es wissen –, ein einziger Funke genüge, um einen ganzen Wald in Flammen aufgehen zu lassen.

Epilog

SO GUT WIE nie erhielt Sadie Shumsky Post. Sie bewohnte ein winziges Appartement in einer Anlage für betreutes Wohnen außerhalb von Newark, New Jersey. Dort, in Newark, hatte sie bereits ihre Kindheit und Jugend verbracht. Normalerweise erhielt sie hin und wieder eine Nachricht von ihrem jüngeren Bruder Sol. Er hatte der Ostküste schon vor langer Zeit den Rücken gekehrt, weil er in Los Angeles groß rauskommen wollte. Schließlich aber hörte auch er auf, ihr zu schreiben.

»Ein Brief für Sie«, sagte eines Tages die Schwester vom Dienst. »Sonderzustellung.«

»Muss wohl Geld sein«, meinte Sadie, die nahezu mittellos war.

Fast wäre ihr, als es dann tatsächlich Geld war – einhundertfünfundsiebzigtausend Dollar –, das Herz stehen geblieben. Sols Klub in Nordhollywood war verkauft worden, kurz bevor er starb. Der neue Inhaber hatte ihr, der einzigen Hinterbliebenen, für das mit Sol getätigte Geschäft einen Scheck geschickt. Genauer gesagt hatte sein Anwalt diese Aufgabe übernommen. Der neue Inhaber selbst wollte anonym bleiben.

Alle umringten sie und freuten sich für sie. »Was wirst du bloß mit all dem Geld anfangen?«, wollten sie wissen. »Aus diesem Dreckloch auszuziehen«, hätte Sadie um ein Haar gesagt. Zugegebenermaßen war man hier aber gut zu ihr gewesen, und wenn man gehen muss, sollte man das besser auf freundschaftlicher Basis tun.

Der neue Klubinhaber hatte, als er die Spelunke in Nordhollywood übernahm, das vorhandene Personal gleich mit übernommen. Er war ein Einzelgänger und ließ sich kaum dort blicken. Der Barmann und die Bardame (damit wäre auch schon das gesamte Personal aufgezählt) nannten ihn nur »Chef«. Mit Namen haben sie ihn nie angesprochen. Das mutet vielleicht ein bisschen sonderbar an, ihm war es jedoch lieber so.

Wer sicher sein wollte, dass er den Chef vor Ort antraf, musste am Freitag vorbeikommen. Freitags war Talentprobe. Dann saß er, ein einziges Glas Miller Lite für den ganzen Abend vor sich auf dem Tisch, irgendwo hinten im Raum. Wie in den alten Tagen traten meistens Komiker auf, die überhaupt nur dort eine Chance hatten, wo wirklich jeder ans Mikrofon durfte.

Gnadenlos vertrieb das Publikum etwa die Hälfte der Leute, bevor sie den Auftritt beendet hatten, mit Buhrufen von der Bühne. Der Chef lachte und amüsierte sich freilich immer, mochten die Gags auch schauerlich schlecht sein. Neuen Talenten Mut zu machen, das gefiel ihm. Und gerüchteweise war zu hören, dass er von Zeit zu Zeit auch mal einem darbenden Komiker ein paar Hunderter aus seiner Privatschatulle in die Hand drückte.

Dann eines Abends, die erste Talentprobennummer war gerade vorüber, trat der Chef völlig unerwartet selbst ans Mikrofon. Behutsam klopfte er mit dem Finger gegen das empfindliche Gerät.

»Eins, zwei, drei, Test …«

»Was, du hast 'ne eigene Nummer?«, rief jemand aus dem Publikum.

»Ja, ja, hier und da arbeite ich schon mal an einem Gag«, sagte der Chef. Er räusperte sich. Der Laden war brechend voll. Außerdem war der Bierpreis gesenkt worden. Alle wirkten ziemlich angeheitert.

Er nahm das Mikrofon in die Hand. Stockend begann er mit dem Textvortrag. »Ein katholischer Priester, ein protestantischer Pfarrer und ein Rabbi spielten eines Tages eine Partie Golf.«

Bei der nächsten Zeile wollten die Leute ihn schon gar nicht mehr weiter zu Wort kommen lassen. Ein kollektives Stöhnen ertönte im Raum, angereichert durch ein paar schrille Pfiffe.

Der Chef aber ließ sich keineswegs beirren. Stattdessen trat er näher ans Mikrofon heran. »›Ich wette hundert Dollar‹, sagte der Rabbi, ›dass ich den Ball mit einem einzigen Schlag einlochen kann.‹«

Als er dann zur Pointe kam, hat diese niemand mehr mitbekommen, da er es letztlich doch nicht schaffte, das Publikum zu übertönen. Andererseits schienen die Pfiffe ihn nicht im Mindesten aus der Fassung zu bringen. Also hielt der Chef die ganze Zeit unbeirrbar die Stellung, bis er sich zu guter Letzt höflich verbeugte und mit einem Lächeln die Bühne verließ.

Ihm dabei zuzusehen war wirklich frappierend. Man hätte meinen können, dass er – inmitten all der Buhrufe und Zwischenrufe – irgendwo jemandem lauschte, der so unerhört laut lachte, dass demgegenüber alles andere völlig in den Hintergrund trat.

Der Weg zur Freude

Zehn Grundsätze für
den spirituellen Optimisten

IST DIE WIRKLICHKEIT das, wofür wir sie halten? Da wir doch alle der Auffassung sind, dass die materielle Welt existiert, wie kann sie dann überhaupt jene illusionsgleiche Beschaffenheit haben, auf die Francisco in *Weshalb lacht Gott?* Mickey gegenüber immer wieder zu sprechen kommt? Schließlich bestehen Gebirge aus massivem Felsgestein. Die Atemluft erhält das Leben aufrecht. Unser Planet dreht sich um die eigene Achse.

Auf derartige Fakten bezieht sich der Ausdruck »Illusion« hier allerdings gar nicht. Ein Mystiker wird sich ebenso wie ein Materialist den Zeh verstauchen, wenn er gegen einen Felsen tritt. In den Augen des Mystikers ist der Felsen indes die Hervorbringung oder Projektion einer tiefer gehenden Wirklichkeit. Der Materialist hingegen glaubt, lediglich der Fels, nichts weiter, sei da vorhanden und die Wirklichkeit reiche über die Phänomene, die Dinge der Erscheinungswelt, nicht hinaus. Wolken und Gebirge sind für einen Materialisten einzig und allein Dinge. Ihre Schönheit tut dabei nichts zur Sache. Ein Neugeborenes ist für ihn ebenfalls ein Ding, sein Menschsein nicht minder nebensächlich. Für eine – von uns hier als Gott bezeichnete – liebende Intelligenz, die für die Schöpfung Verantwortung trägt und dieser Schöpfung ihren Sinn gibt, bleibt in einer Welt der Dinge kein Raum.

Auf dem Weg zur Freude entdeckt man freilich, dass erst Sinn dem Leben die eigentliche Grundlage verschafft. Nur in der alleroberflächlichsten Bedeutung ist ein Neugeborenes ein Ding. In Wirklichkeit haben wir es bei einem Neugeborenen mit einem Feld unendlich großen Potenzials zu tun; in diesem findet die höchste Intelligenz der Natur ihren Ausdruck. Das halte ich durchaus nicht für eine ausgesprochen mystische Überzeugung, sondern lediglich für eine tiefer liegende Wahrheit. Diese tiefer liegende Wahrheit findet man eben nicht auf der Ebene des oberflächlichen Erscheinungsbildes, auf der das Leben scheinbar wie ein Strom von »zufällig« eintretenden physikalischen Ereignissen daherkommt. Der Sinn wird tief im Inneren geboren.

Beim spirituellen Optimismus haben wir es ebenfalls mit einer inneren Erfahrung zu tun. Er beruht auf jener Liebe, Schönheit, schöpferischen Kraft und Wahrheit, die eine Person auf der Ebene der Seele entdeckt.

Wenn Sie sich selbst erforschen, die Innenwelt erkunden, arbeiten Sie mit Intuition. Einem verbreiteten Missverständnis zufolge heißt es, Intuition und Wissenschaft stünden miteinander auf Kriegsfuß. Einstein unterschied sich aber, wie er selbst gesagt hat, von den Atheisten durch den Umstand, dass »sie für die Musik der Sphären unempfänglich sind«.

Tatsächlich ist Wissenschaft ebenso sehr wie Spiritualität auf Intuition angewiesen. Denn die größten wissenschaftlichen Entdeckungen werden erst durch sogenannte schöpferische Sprünge ermöglicht. Keineswegs ist ihr Zustandekommen der Tatsache zu verdanken, dass ein Wissenschaftler einfach die Spur allgemein anerkannter Fakten linear weiterverfolgt.

Mithilfe Ihrer Intuition vergewissern Sie sich jeden Tag aufs Neue der eigenen Lebendigkeit, der Schönheit eines Gänseblümchens oder auch der Lebensweisheit, dass man besser bei der Wahrheit bleibt, anstatt zu lügen. Indem Sie diese Intuition vertiefen und sie für sich selbst leichter zugänglich machen, begeben Sie sich auf den Weg zur Freude. Sobald meine Intuition mir sagt, was es heißt, lebendig zu sein, kann ich den Sinn meines Lebens ergründen. Dann kann ich ergründen, woher es gekommen ist und wohin es gehen wird. Dankenswerterweise gibt es keine stärkere Kraft im Universum als die Intuition.

Auf dem spirituellen Weg werden einem bestimmte grundlegende Prinzipien klar. Indem diese Prinzipien sich entfalten, verwandelt sich die Wirklichkeit. Schierer Glaube kann keine Transformation der ringsum ablaufenden Geschehnisse herbeiführen. Wirkliche Einsicht hingegen vermag das. Dies entspricht dem Unterschied zwischen jemandem, der glaubt, ihm werde Gnade zuteil, und jemandem, der tatsächlich mit ansieht, wie die Gnade in der Welt wirksam wird.

Jedes der nachfolgend aufgeführten Prinzipien ist eine starke Triebkraft für den Wandel. Je weitergehend in Ihnen die Einsicht wächst, umso weniger unterliegt, was Sie werden können, noch irgendeiner Beschränkung. Jedenfalls durchlaufen Sie dabei aber einen Transformationsprozess. Das allein ist gewiss.

1. Lachen Sie!
Eine gesündere Reaktion gibt es nicht.

Das erste Prinzip wirkt als Gegenmittel gegen Angst und Kummer. Denn es ermutigt Sie, sich Ihres Leben zu erfreuen. Zu Beginn des Weges werden wir womöglich bloß hier und da ein Fünkchen Freude verspüren, das gerade mal kurz aufglimmt und rasch wieder verlischt. Schließlich aber wird durch das Lachen das Leid verfliegen, als sei es eine Staub- oder Qualmwolke. Leid ist ein ganz besonders überzeugend wirkender Aspekt der Illusion. Nichtsdestoweniger sind Schmerz und Leid unwirklich.

Hier gilt eine goldene Regel: *Was in der materiellen Welt stimmt, trifft in Gottes Welt nicht zu – und umgekehrt.* In diesem Fall scheint die materielle Welt von Krisen und von Leid beherrscht zu werden. Demnach wäre also eine durch Angst und Besorgnis geprägte Haltung, eine defensive Grundausrichtung, der gesündeste Umgang mit dem Leben.

Sobald sich Ihr Bewusstsein wandelt, wird Ihnen allerdings zweierlei klar: Ohne eine allem zugrunde liegende schöpferische Kraft könnte das Leben seinerseits gar nicht existieren; und dieser unablässig stattfindende Schöpfungsakt ist als solcher bereits Ausdruck von Ekstase. Diese beiden elementaren Qualitäten bilden die Grundlage auch für *Ihr* Leben.

Nimmt man die Welt durch die Brille des Materialismus wahr, ergibt sich daraus tatsächlich eine hochgradig unpräzise Weltsicht. Denn Bewusstsein erscheint uns beim Blick durch diese Brille lediglich als ein zufälliges Nebenprodukt der Gehirnchemie. Die Kräfte des Geistes sind dann in unseren Augen bloß ein Mythos.

Den tiefsten Grund der Wirklichkeit mit trägen Atomen gleichzusetzen, die in der todbringenden Eiseskälte des Weltraums miteinander kollidieren, stellt alles in Abrede, was das Leben aufrechterhält und lebenswert macht: Schönheit, Wahrheit, Kunst, Liebe, Moralität, menschliches Miteinander, Entdeckerfreude, Wissbegierde, inneres Wachstum und höheres Bewusstsein.

Was haben all diese Qualitäten miteinander gemein? Sie setzen Intuition voraus.

Einen objektiven Beweis für die Schönheit der Liebe oder dafür, dass die Wahrheit Sie befreien kann, gibt es nicht. Nur Sie selbst können durch eigene innere Erfahrung zu solchen Einsichten gelangen. Auf dem spirituellen Weg hängt alles von einem Wandel des Bewusstseins ab – und nichts von Atomen, die miteinander kollidieren.

Wir haben hier also zwei gegensätzliche, miteinander konkurrierende Weltanschauungen: Jede will Sie für sich einnehmen. Ist es besser, eine spirituelle oder eine materialistische Auffassung zu haben? Ist Gott eine bloße Beigabe zum physischen Dasein? Oder bildet er dessen eigentlichen Ausgangspunkt?

Das zu entscheiden fällt gar nicht leicht. Denn bei den Kenntnissen, auf die wir zur Klärung der Beweislage zurückgreifen müssen, herrschen höchst ungleiche Voraussetzungen. Soweit es die materielle Welt angeht, verfügen die meisten von uns über weitreichende persönliche Kenntnisse. Demgegenüber ist die persönliche Gotteskenntnis karg bemessen.

Gott hat also erst noch eine Menge Beweisarbeit zu leisten. Er muss beweisen, dass er ebenso präsent und verlässlich ist wie ein Felsen oder ein Baum. Wollen wir geltend machen, dass Gott das Leben aufrechterhält, dann muss sein Wirken einen ebenso großen praktischen Beitrag zum Erhalt des Lebens leisten, wie es die Luft, das Wasser und die Nahrung tun. Mit anderen Worten: Gott wirklich zu begreifen ist keine Kleinigkeit. Ein Leben lang kann das dauern – wenn man Glück hat.

Lassen Sie sich bei Antritt dieser Reise gedanklich zunächst einmal auf die Möglichkeit ein, dass alles, was Sie umgibt, unter Umständen weit weniger wirklich ist als Gott. »Mit deinem ganzen Herzen, mit deiner ganzen Seele und mit deinem ganzen Gemüt«, wie Jesus sagt, wollen Sie die Wahrheit erkennen.

Das kommt im Grunde einem Bekenntnis zur Freude gleich. Denn sobald Sie einen von Glück erfüllten Augenblick erleben, in schallendes Lachen ausbrechen wollen oder ohne ersichtlichen Grund zu lächeln beginnen, gewinnen Sie einen Eindruck von der immerwährenden Wirklichkeit. Für einen flüchtigen Moment hat sich der Schleier gehoben, sodass Sie eine über die Illusion hinausgehende Erfahrung machen können.

Ganz allmählich werden sich im Lauf der Zeit solche Momente der Freude miteinander verbinden. Was anfangs die Ausnahme war, wird dann zur Regel. An nichts anderem lässt sich besser ablesen, dass Ihre Gotteserkenntnis wächst und sich entwickelt.

2. Es gibt immer einen Grund, dankbar zu sein.

Das zweite Prinzip wirkt der Neigung entgegen, sich als Opfer zu fühlen. Es bereitet den Weg für die Gewissheit, dass sich jemand oder etwas um Sie kümmert und für Sie sorgt. Je mehr Ihnen klar wird, dass dieses Prinzip tatsächlich Gültigkeit hat, desto weniger werden Sie glauben, Opfer zu sein.

Wir brauchen uns nur umzuschauen, schon wird unübersehbar, dass das Leben einer Ordnung folgt. Im Einklang mit einem grandiosen Ordnungsmuster fliegt eine Biene von Blüte zu Blüte, holt sich dabei ihre Nahrung und verbreitet die Pollen. In Millionen Jahren der Evolution haben Biene und Blüte sich einander so vorzüglich angepasst, dass die eine ohne die andere nicht zu existieren vermag. Warum glauben wir also nicht, unser Leben könne mühelos erhalten werden? Uns als Opfer anzusehen stellt eins der größten Hindernisse auf dem Weg zu dieser Überzeugung dar. Unser Körper unterliegt den Prozessen von Alterung und Tod. Unglücke sind unter Umständen unausweichlich. Die nächste verhängnisvolle Katastrophe lauert, nach Maßgabe eines launischen Schicksals, womöglich bereits hinter der nächsten Ecke. Sich die schrecklichen Dinge, die Ihnen zustoßen könnten, auszumalen, das allein schon bringt ebenso viel Leid über Sie wie die tatsächlichen Geschehnisse.

Schwebt man ständig in Gefahr, ergibt sich daraus unweigerlich, dass man sich als Opfer fühlt, quasi als logische Konsequenz. Wenn Gott unser Leben aufrechterhält, muss er dieses ganze Muster – zufällig eintretende Geschehnisse, die für jede/n von uns Gefahr heraufbeschwören – ohne Frage umkehren. Das Ganze ist allerdings eine verzwickte Angelegenheit. Denn die Natur umgibt uns zugleich mit reicher Fülle. Darauf verweisen Optimisten. Unser grüner Planet hat Leben, Nahrung und Schönheit im Überfluss zu bieten. Doch kann es wirklich sein, dass ein liebender Gott uns an einem Tag mit den guten und schönen Dingen des Lebens versorgt, am nächsten Tag hingegen mit Schmerz und Leid aufwartet? Die meisten Menschen, die Gott gegenüber Dankbarkeit empfinden, verleugnen gern, dass er auch für

Krankheit, Unheil und Tod verantwortlich ist. Auf keinen Fall kann eine allwissende und allmächtige Gottheit bloß für einen Teil dessen, was sich abspielt, verantwortlich sein. Entweder lässt Gott alles zu oder gar nichts.

Was aber führt uns aus dem Dilemma, unter einem Gott zu leben, der uns an einem Tag Freude, am anderen Tag Leid bringt? Die Einsicht, dass Gott keine Person ist.

»Er« sagen wir, wenn wir von Gott sprechen, allein aus diesem einen Grund: Unser Geist verweigert es, sich Gott als totale Abstraktion vorzustellen. Das All in seiner Gesamtheit können Sie mit dem Geist nicht begreifen und in den Blick fassen. Vielmehr erfassen wir mit dem Geist nur diejenigen Dinge, die wir gerade bemerken und an die zu glauben wir bereit sind.

Erweisen Sie Gott, soweit Sie ihn in Ihrem Leben bemerken, dankbar Ihre Anerkennung. Gott benötigt zwar keine Dankbarkeit, schließlich hat er ja bereits alles, den Dank inbegriffen. Doch indem Sie sich entscheiden, dankbar zu sein, wählen Sie aus jener allumfassenden Gesamtheit einen wohlwollenden Aspekt aus, auf den Sie Ihren Blick konzentrieren möchten.

Dankbarkeit hilft Ihnen, mit einer höheren Sicht des Lebens in Berührung zu kommen. Ob Sie den gebenden oder aber den nehmenden Aspekt Gottes aktivieren, dies zu entscheiden haben Sie selbst in der Hand. Wachsen und gedeihen wird das, worauf Sie Ihre Aufmerksamkeit richten. Falls Sie jenen Aspekten Aufmerksamkeit schenken, in denen Liebe, Wahrheit, Schönheit, Intelligenz, Ordnung und spirituelle Weiterentwicklung zum Ausdruck kommen, werden diese sich in Ihrem Leben dementsprechend zu entfalten beginnen. Stück für Stück werden sich wie bei einem Mosaik fragmentarische Teilaspekte von Gnade zusammenfügen und ein Gesamtbild ergeben. Zu guter Letzt wird dieses Bild an die Stelle jenes bedrohlicheren Bildes treten, das Sie von klein auf in sich tragen.

Die Außenwelt nimmt für sich in Anspruch, real zu sein. Aber auch sie ist eine im Bewusstsein geschaffene und nach außen projizierte Vorstellung. Sobald Ihnen wirklich klar wird, dass diese Projektion der Realität ganz allein von Ihnen hervorgerufen wird, werden die äußeren Geschehnisse ihren dominanten Charakter verlieren. Jenes grundlegende Missverständnis, das zum Ausgangspunkt Ihrer vermeintlichen Opferrolle wird, können Sie dann korrigieren: die Überzeugung, der Film entscheide darüber, wie es bei Ihnen läuft – statt dass Sie entscheiden, welcher Film bei Ihnen läuft.

3. Für das Universum sind Sie unverzichtbar. Sie müssen vor nichts Angst haben. Sie sind sicher.

Das dritte Prinzip wirkt der Unsicherheit entgegen. Angst mag zwar total überzeugend sein, so führt uns dieses Prinzip vor Augen, dennoch ist Angst nicht wahr. Man darf ihr nicht trauen.

In der heutigen Zeit wird uns die Vorstellung vermittelt, Angst sei zu respektieren, denn sie leiste zu unserem Überleben einen unverzichtbaren Beitrag, sie sei eine Art biologischer Weckruf für Geist und Körper angesichts drohender Gefahr.

Angst werde aus der Dualität geboren, haben im Unterschied dazu die altindischen Weisen gelehrt. Als die Menschen erkannten, dass sie nicht länger Teil Gottes waren, bekamen sie sogleich Angst vor dem, was ihnen widerfahren könnte. Im zwanzigsten Jahrhundert, nachdem zwei verheerende Weltkriege gewütet hatten und die Atombombe entwickelt worden war, wurde diese quälende Unsicherheit in den Rang einer unabwendbaren Gegebenheit des Daseins erhoben, die man als Existenzangst bezeichnet hat.

Sie wie ich sind Kinder eines Zeitalters, in dem man aufgrund der schieren Tatsache zu leben scheinbar das denkbar größte Risiko eingeht. Infolgedessen verfallen wir angesichts der Frage, wer wir sind und wohin wir gehören, in Angst und Sorge.

Von solcher Angst und Sorge können Sie auf dem spirituellen Weg vollständig genesen. Weisen Sie die Angst jedes Mal, wenn sie aufkommt, in die Schranken, ein Stück weit zumindest. Dann werden Sie begreifen, dass Ihr Leben keineswegs ständig in Gefahr ist. Sie sind sicher, jemand kümmert sich um Sie und sorgt für Sie.

Damit Sie von Angst zu Furchtlosigkeit gelangen können, bedarf es einer Umorientierung. Denn wir leben in einem Klima der Angst, in dem es allzu leicht geschehen kann, dass man vor dem Bombardement potenzieller Bedrohungen, dem wir uns unablässig ausgesetzt sehen, schließlich kapituliert. Bereits die Morgennachrichten versetzen uns in eine düstere Welt, in der die eine Katastrophe gleich von der nächsten abgelöst wird. Und die Abendnachrichten untermauern diesen Eindruck nur noch weiter.

Um dagegen ankommen zu können, richten Sie den Blick auf Ihre innere Führung. Eine Ihnen innewohnende Intelligenz verschafft Ihnen Sicherheit. Dessen sollten Sie sich unbedingt bewusst sein. Potenzielle Gefahren sind Illusion. Real ist nur das, womit Sie es tatsächlich unmittelbar zu tun haben.

Damit will ich nicht sagen, das Dasein könne von all seinen Unannehmlichkeiten und von den unvorhersehbaren schicksalhaften Wendungen bereinigt werden. Vielmehr biete ich Ihnen die Möglichkeit an, sich von einem anderen Blickwinkel aus auf das Dasein einzulassen. Denn sicher sein werden Sie in dem Moment, in dem Sie Folgendes begreifen: Gott hat Sie mit allem ausgestattet, was Sie benötigen, um den Herausforderungen des Lebens, worin auch immer diese bestehen mögen, begegnen zu können.

In Ihrem persönlichen Drama stehen Sie auf der großen Bühne und haben die Hauptrolle. Dieses persönliche Drama spielt sich freilich inmitten einer weit umfassenderen Szenerie ab. Und falls Sie sich innerhalb dieser Szenerie in gefährlichen Zeiten wiederfinden, kann Ihnen tatsächlich Gefahr drohen. Trotzdem handelt es sich in dem Fall natürlich um eine andere Situation, als wenn Sie der Ansicht sind, Ihr Leben finde in einem brodelnden Chaos statt – in einem wahren Hexenkessel, in dem Sie ständig von Vernichtung bedroht sind. Voller Selbstvertrauen und Zuversicht Ihre Rolle in dem Drama zu übernehmen, das ist der Knackpunkt. Denn alles ist, wie es sein soll.

Die Ihnen zugeteilte Rolle ist die richtige, die Ihnen angemessene: eine für Sie, für Ihr ganzes Selbst maßgeschneiderte Rolle. Ihr ganzes Selbst aber wird sich nicht mit einem trägen, ereignisarmen Dasein zufriedengeben wollen. Selbstverständlich ist Ihr Leben keine völlig risikolose Veranstaltung. Das ändert hingegen nichts an der Tatsache, dass es durch Entscheidungen bestimmt wird, die auf der Ebene der Seele getroffen werden.

Die Stimme der Angst versucht, Sie davon zu überzeugen, Sie seien ein hilfloses Opfer des Zufalls. Genau das Gegenteil trifft jedoch zu. Auf der grundlegenden Ebene, auf der Ebene der Seele, sind Sie der Urheber von allem, was Ihnen widerfährt.

4. Ihre Seele begegnet jedem Aspekt
Ihres Lebens mit Wertschätzung.

Das vierte Prinzip wirkt dem Empfinden entgegen, Sie würden unterschätzt. Ihr Wert, so besagt es, ist absolut. Alles, was Ihnen widerfährt, ob Ihnen dabei im gegebenen Moment wohl zumute sein mag oder nicht, gehört zu einem sich von der Seelenebene aus entfaltenden göttlichen Plan.

Wollen Sie Gott erkennen, dann müssen, wie wir bereits gesehen haben, die für die materielle Welt maßgeblichen Werte komplett auf den Kopf gestellt werden. Ein gutes Selbstwertgefühl läuft der herkömmlichen Auffassung zufolge darauf hinaus, dass man ein stark ausgeprägtes Ego hat. Mit einem starken Ego ausgestattete Menschen fühlen sich selbstbewusst. Sich selbst zu bestätigen, indem sie Hindernisse und Widerstände überwinden, bereitet ihnen Freude. Gern stellen sie sich den Herausforderungen. Im Gegenzug stattet das Leben sie mit Geld, mit Besitz, mit gesellschaftlichem Rang und Ansehen aus – mit äußerlich sichtbarem Lohn für ihre nach außen hin erbrachten Leistungen.

Aus dieser Perspektive betrachtet, hat es etwas Verstörendes, dass Jesus genau das Gegenteil lehrt: Damit einem Gottes Liebe zuteil wird, muss man unschuldig und demütig sein und sich in den Dienst seiner Mitmenschen stellen.

Mit seiner Auffassung steht Jesus dagegen in Einklang mit den großen Weisheitsüberlieferungen. Denn der Wert eines Menschen, so erklären uns diese, ändert sich ganz und gar

nicht in Abhängigkeit von äußerem Erfolg und dessen Insignien. Der Wert einer Person deckt sich mit dem Wert einer
Seele, der unendlich groß ist. Da jedes Geschehnis in Ihrem
Leben aber nicht bloß einer Person widerfährt, sondern zugleich einer Seele, sollten Sie einfach allem in Ihrem Leben
mit Wertschätzung begegnen.

Wir alle wissen, dass es im Leben immer wieder auf und
ab geht und unser Selbstwertgefühl dementsprechend
zu- oder abnimmt. Napoleon war, als er siegreich aus der
Schlacht zurückkehrte, ein wahrer Titan. Nach der Schlacht
bei Waterloo dagegen war er ein Zwerg. Wir vom Ego getriebene Menschen wirken in einer Welt der Veränderung wie
Marionetten, die von jeder Laune der Umstände abhängen.
Aus der Seelenperspektive betrachtet, vollzieht sich der
Wandel hingegen vor dem Hintergrund der Wandellosigkeit: Die Grundlage des Daseins ist ewig, unbewegt, stetig
und allumfassend.

Wie können Sie Ihre Aufmerksamkeit von der Veränderung abwenden? Wenn Menschen sagen, sie könnten die
wirkliche, die unmittelbare Präsenz Gottes, Jesu oder ihrer
Seele spüren, finde ich das in aller Regel wenig überzeugend. Derartige Errungenschaften auf dem spirituellen Weg
sind nur für äußerst weit fortgeschrittene Menschen zu erreichen. Kurze Zeit nachdem sich einem auf diesem Weg die
ersten Türen aufgetan haben, macht man derartige Erfahrungen ganz gewiss nicht. Eines weiß ich allerdings sehr
wohl: *Mich* kann ich erfahren. Gegenwärtig besteht meine

Aufgabe also darin, denjenigen Teil meiner selbst aufzufinden, der nicht der Veränderung unterliegt. Mein Geist verändert sich offenkundig unentwegt, mit jedem neuen Gedanken. Für meinen Körper gilt, mit jeder sich abschuppenden Hautzelle und mit jedem Herzschlag, das Gleiche. Die Suche nach Wandellosigkeit muss mich demnach anderswohin führen.

An dieser Stelle zeigt sich der besondere Wert der Meditation. Wenn Sie meditieren, kehrt sich Ihre Blickrichtung um. Statt das Augenmerk auf die Oberfläche des Geistes zu richten, wo unentwegt alles in Veränderung begriffen ist, gehen Sie während der Meditation, um Stille zu erfahren, in die Tiefe. Stille ist an und für sich etwas recht Nichtssagendes. Aktion und Reaktion, darum dreht sich das ganze Leben, nicht um einen losgelösten Zustand der Stille. Innere Stille erweist sich aber als etwas weit Tiefgründigeres: als ein Gewahrsein, das seiner selbst gewahr ist. In diesem Zusammenhang spricht man auch von Achtsamkeit oder Wachheit.

In seiner lautlosen Tiefe hat der Geist Kenntnis von allem, was vor sich geht. Zeit konvergiert hier zu einem einzigen Referenzpunkt.

Eine unerschütterliche Gewissheit gibt es dort: »Ich bin.« Diese Gewissheit beschränkt sich beileibe nicht auf ein passives Wissen. Vielmehr ist sie das Zentrum von allem – der Quell, aus dem jedwede Aktivität in Form von Gedanken, Empfindungen und äußeren Geschehnissen entspringt. Stille, so stellt sich heraus, ist gleichsam der Mutterleib der Schöpfung.

Meditation beinhaltet demnach ein schöpferisches Geschehen. Dadurch gewinnen Sie den Anspruch zurück, selbst Urheber Ihres Lebens zu sein. Jetzt sehen wir auch, was »vierundzwanzig Stunden am Tag meditieren« tatsächlich bedeutet: die ganze Zeit hindurch Ihre geistige Frische, Ihre Wachheit zu bewahren.

Sobald Sie die Urheberschaft für sich selbst in Anspruch genommen haben, werden Sie aus der Stille heraus aktiv und schreiben Ihre eigene Geschichte. Zwischen »meditieren« und »in der Welt leben« besteht jetzt kein Unterschied mehr. Beides ist Ausdruck von Bewusstsein, im einen Fall still, im anderen aktiv. Aufmerksamkeit erhält bei Ihnen nun eine zweifache Ausprägung. Die eine widmet sich der Veränderung, dem Wandel, die andere dagegen der Wandellosigkeit. Durch einen solchermaßen vollzogenen Wandel Ihres Bewusstseins werden Sie in die Lage versetzt, Ihr Leben von der Ebene der Seele aus zu führen.

5. Es gibt einen Plan, und Ihre Seele kennt ihn.

Das fünfte Prinzip wirkt der Sinnlosigkeit entgegen. Es besagt, dass Ihr Leben eine Bestimmung hat. Worin diese besteht, legen *Sie* auf der Ebene der Seele fest. Als Bestandteil des göttlichen Plans entfaltet diese Bestimmung sich dann im Alltag. Je inniger und tiefer gehend Sie dem Plan verbunden sind, desto kraftvoller entfaltet dieser in Ihrem Leben seine Wirkung. Nichts kann ihn letztlich aufhalten.

Wenn ich über den spirituellen Weg schreibe, gelange ich unweigerlich an einen Punkt, an dem ich mir wünsche, ich könnte ohne solche Begriffe wie Seele, Gott und Geist auskommen. Da es nur *eine* Wirklichkeit gibt, brauchen wir im Grunde kein eigenes »weltliches« Vokabular für den Alltag und obendrein dann ein weiteres »besonderes« Vokabular für ein »höheres« Dasein. Entweder ist alles spirituell oder gar nichts. Übers Wasser zu wandeln ist in Gottes Augen genauso wunderbar wie die Fähigkeit des in einem roten Blutkörperchen enthaltenen Hämoglobins, sich mit Sauerstoff zu verbinden. Weder das eine noch das andere lässt sich gleich auf Anhieb begreifen. Und beides ist Bestandteil des unendlich sich immer weiter entfaltenden Schöpfungsplans.

Nichtsdestoweniger könnte der Eindruck entstehen, ein von Sinn erfülltes und geradlinig auf seine Bestimmung hin zustrebendes Leben müsse Gott näher stehen als ein in großer Verwirrung ziellos dahingelebtes Leben. Der Dualismus übt einen nachhaltigen Einfluss auf den Geist aus. Daher kommen wir kaum umhin, in Kategorien wie »hoch« und »niedrig«, »besser« und »schlechter« zu denken. Zu begreifen, dass Gott, da er nichts will, uns auch nichts abverlangt, fällt uns schwer. Kein einziges Leben ist aus spiritueller Sicht von größerem und keines von geringerem Wert. Der Dieb von heute wird morgen als Priester wiedergeboren werden; und umgekehrt.

In einem göttlichen Plan spielt jeder Einzelne eine Rolle. Und da Sie Gott in sich tragen, haben Sie ein uneingeschränktes Recht, selbst zu entscheiden, welche Rolle Sie im göttlichen Plan spielen werden.

Wie aber funktioniert, ganz praktisch gesehen, dieser Plan? Ein zentraler Punkt ist dabei die Frage der Wahrnehmung. Als Kleinkind haben Sie sich auf eine stark eingeschränkte Art und Weise wahrgenommen. Was Sie nicht bewerkstelligen oder verstehen konnten, haben Sie Ihrem Vater und Ihrer Mutter überlassen. Die haben Sie so lange gefüttert, bis Sie eigenständig essen konnten, haben dafür gesorgt, dass Sie ein Dach überm Kopf hatten, bis Sie sich selbst darum kümmern konnten; und so weiter. Als Ihre Fähigkeiten allmählich zugenommen haben, hat sich auch Ihr Sinn für die eigene Stellung in der Welt verändert. Mit anderen Worten: Jeder Schritt auf dem Weg zur Unabhängigkeit brachte eine Veränderung Ihrer Wahrnehmung mit sich.

So entspricht es dem göttlichen Plan. Anfangs ist die persönliche Kraft sehr begrenzt. Das Ego nimmt an, es müsse für sich selbst sorgen, indem es sich alles schnappt, was es haben will, alles Übrige hingegen von sich weist. Auf dieser Stufe bleibt die Wahrnehmung auf das Individuum beschränkt, das Wahrnehmungsfeld entsprechend eingeengt. Was für ich/mich/mein von Vorteil ist, darauf kommt es an, und nur darauf. Das Ego zieht nicht in Betracht, inwiefern das Selbst mit allem anderen in Wechselbeziehung steht. Ausgerechnet auf dieser Stufe, wenn wir die Entscheidung darüber, wie die Dinge laufen, äußeren Kräften überlassen (müssen), fühlt das Ego sich paradoxerweise besonders stark.

Einhergehend mit der sich weitenden Wahrnehmung wird auch das innere Potenzial größer. Ein größerer, über das Ego hinausgehender Kreis, der ich/mich/mein mit einschließt, wird nun in alle Richtungen immer weiter gefasst. Dem göttlichen Plan gemäß kann eine Person sich auf der Ebene der Seele unbegrenzt ausdehnen.

Nunmehr erleben Sie in zunehmendem Maß, auf was für eine unglaubliche Weise, mit welch mustergültiger Umsicht und unendlich großer Intelligenz die Schöpfung organisiert ist. Da Gott über unendlich große Intelligenz verfügt, kommen Sie ihm umso näher, je mehr Ihre Wahrnehmung sich weitet. Sie brauchen ihn noch nicht einmal zu suchen, sondern ihn nur zu erkennen.

Alles ist ja schließlich bereits Gott. Man braucht also nur immer tiefer zu blicken, bis Gott sich offenbart. Sie machen sich jetzt eine Betrachtungsweise zu eigen, die auf die subtilsten Aspekte von Schönheit und Wahrheit eingestimmt ist. Jeder von uns wird mit dem Wunsch nach mehr Erkenntnis geboren. Dieses Charakteristikum zählt zu den ganz großen Vorzügen, mit denen wir gesegnet sind. Wenn wir über Gott nachdenken, so ist nach Überzeugung der indischen

Weisen allein das schon ein Zeichen dafür, dass er sich uns ganz gewiss eines Tages zeigen wird.

Erweiterung des Bewusstseins, so stellt sich nun heraus, ist der göttliche Plan. Einen anderen gibt es nicht. Im gleichen Maß, in dem Ihr Gewahrsein weiter zunimmt, wird die Gewissheit immer stärker, dass Sie Bestandteil des göttlichen Plans sind. Darüber hinaus wird nichts von Ihnen verlangt – und wurde es auch nie.

6. Ekstase ist die Energie des Geistes. Fließt das Leben, ist Ekstase ganz natürlich.

Das sechste Prinzip wirkt der Trägheit entgegen. Es besagt, dass Ihnen unendlich viel Energie zur Verfügung steht. Sie sind kokreativ: ein Mitschöpfer, gemeinsam mit Gott. Um Ihre schöpferische Kraft in Anspruch zu nehmen, brauchen Sie zu den Urenergien, deren Zusammenspiel sich in Ihnen entfaltet, bloß in Verbindung zu treten.

Woher wissen Sie, ob Sie mit Gott verbunden sind? Die Art und Weise, wie Ihr Leben fließt, liefert uns hier einen einfachen Anhaltspunkt. Wenn Sie das Gefühl haben, nicht vom Fleck zu kommen, wenn in Ihrem Alltag Trägheit und Gewohnheit vorherrschen, besteht zu Gott nur eine schwache Verbindung. Sind Sie sich hingegen sicher, dass sich, was Sie sich vom Leben wünschen, Tag für Tag entfaltet, dann haben Sie eine starke Verbindung zu Gott. Schöpferischer Fluss, dieses grundlegende Prinzip, waltet überall im ganzen Kosmos.

Ebenso wie die Schöpfung kann auch die Energie unermesslich viele Formen annehmen. Auf dem spirituellen Weg entdecken Sie viele Arten von Energie. Gewöhnlich halten wir uns an jene an der Oberfläche sichtbaren Energien, die das Ego hervorbringt. Zu ihnen zählen vor allem Wut, Angst, Ehrgeiz, unbedingter Leistungswille und jene Art von Liebe, durch die wir uns begehrenswert fühlen. Im Feld der Energie gibt es kein Richtig oder Falsch. Allerdings erliegt das Ego der Illusion, *nur* Wut, Angst, der Antrieb zu Leistung um jeden Preis und dergleichen mehr seien wirklich. Höheren Energien schenkt es keine Beachtung, den niederen ebenso wenig. Darum gerät das Ego in eine derartige Isolation.

Niedere Energien sind im Körper und bei den verzwickten Prozessen, die in ihm ablaufen, vorherrschend. Von »niederen« Energien zu sprechen erweckt eigentlich einen irreführenden Eindruck, denn die Körperintelligenz ist genauso grandios wie jegliche Intelligenz in der Schöpfung. Ungeachtet all seines großartigen Organisationsvermögens gibt sich der Körper indes damit zufrieden, dass er vom Geist geleitet wird. Die Körperenergie ist bescheiden, hat es weder nötig, die Zügel in die Hand zu nehmen, noch, sich besonders hervorzutun. Sofern der Körper sich nur perfekt in die natürliche Ordnung einfügen kann, bereitet ihm das bereits Freude genug. Das Ego könnte vom Körper eine Menge lernen, tut das jedoch kaum jemals.

Zugleich sperrt das Ego aber auch höhere Energien aus. Es handelt sich um die subtilen Energien der Seele: Liebe, Mitgefühl, Wahrhaftigkeit und Gotteserkenntnis. Für die Seele gibt es überhaupt keinen Grund, zum Ego in Konkurrenz zu treten. Ohnehin hat sie die höchste Stufe der Schöpfung bereits erreicht: Einheit mit Gott.

Ganz so wie man es bei jenen Engelsscharen sieht, die auf christlichen Gemälden des Mittelalters den Himmelsthron umringen und Gottes Lobpreis singen, stellt es die Seele vollkommen zufrieden, die eigene Ekstase zu erleben und sich unablässig an ihr zu erfreuen. Solche Glückseligkeit, meint das Ego zu Unrecht, sei entweder Fiktion oder aber nur durch äußere Mittel – mehr Sex, Geld, gesellschaftlicher Status oder Besitz – zu erreichen.

Schließlich gibt es noch die allersubtilste Energie, das Ausgangsmaterial gewissermaßen, aus dem alles andere besteht. Diese Energie bewegt sich auf der hauchfeinen Linie zwischen Existenz und Nichtexistenz, ist die erste Regung des schöpferischen Impulses, das erste Flüstern eines göttlichen Gedankens. In den meisten spirituellen Überlieferungen bezeichnet man diese Schwingung als »ich bin«. Ohne sie könnte nichts existieren, trotzdem ist nichts anderes so fein und so zart. Erfährt man sie persönlich, gleicht sie der Empfindung reiner Ekstase oder des Bewusstseins von Glückseligkeit.

In ihrer gesamten Bandbreite treiben diese Energien Ihr Leben an. Zu jeder von ihr haben Sie Zugang. Welche Art von Energie Sie im gegebenen Moment in Anspruch nehmen, hängt von Ihrer Bewusstseinsebene ab.

Wer auf gröberen Bewusstseinsebenen den Wunsch nach einem Apfel hat, muss arbeiten, um das für den Kauf des Apfels erforderliche Geld zu verdienen. Auf einer subtileren Ebene wird dann vielleicht gerade jemand mit einem Apfel in der Hand das Zimmer betreten. Auf der subtilsten Ebene taucht einfach in dem Augenblick, in dem die oder der Betreffende einen Apfel haben möchte, ein Apfel auf. Das Ego, und mehr oder weniger die ganze Welt, glaubt nur an die erstgenannte Ebene, diejenige der grobstofflichen Energie. Nichtsdestoweniger machen wir alle hin und wieder Erfahrungen mit subtiler Energie: Wünsche gehen in Erfüllung. Etwas, wonach wir Verlangen haben, manifestiert sich. Unsichtbare Kräfte scheinen am Werk zu sein.

Auf dem spirituellen Weg gelangt man nach und nach in immer subtilere Bereiche des Geistes und mit jedem Schritt werden neue Energieebenen zugänglich. Entsteht schließlich die Einheit mit Gott, hat man Zugang zu jeglicher Energie.

An diesem Punkt stimmen Ihre Wünsche und Anliegen mit denjenigen von Gott überein. Sie sind immer schon ein potenzieller Mitschöpfer gewesen. Wenn Sie Gott begreifen, wird das entsprechende Potenzial nun vollständig aktiviert. Was Sie sich vorstellen, nimmt – mit der Leichtigkeit eines

Gedankens – spontan reale Gestalt an. Anders könnte es auch gar nicht sein. Denn Gedanke und Ding sind im Zustand der Einheit ein und dasselbe.

7. Für jedes Problem gibt es eine schöpferische Lösung. Jede Möglichkeit birgt ein Versprechen von Überfluss.

Das siebte Prinzip wirkt dem Misslingen entgegen. Es besagt, dass jede Frage bereits die Antwort enthält. Wenn wir trotzdem zunächst einmal vor einem Problem stehen und anschließend erst eine Lösung finden, hat das nur einen Grund: die Beschränktheit unseres Geistes. Unser Denken bezieht sich auf Abfolgen, auf ein Vorher und Nachher. Jenseits dieser engen Grenzen der Zeit kommen Probleme und Lösungen in ein und demselben Augenblick zum Vorschein.

In der modernen Gesellschaft ist man darauf ausgerichtet, Probleme zu lösen. Tausendsassas, die sich mit der Entwicklung neuer Lösungsansätze befassen, gibt es in hinreichend großer Zahl. Ebenso wenig fehlt der Glaube an unaufhaltsamen Fortschritt.

In weiten Teilen gleicht diese Zuversicht jedoch einer Art Ablenkungsmanöver. Indem wir der nächsten Technologie, dem nächsten Wunder der Technik, dem nächsten Durchbruch in der medizinischen Entwicklung unsere Aufmerksamkeit schenken, verlieren wir tiefer gehende und weiter reichende Problemstellungen aus dem Blick, für die wir keine Lösung haben.

Der Buddha hat uns auf das Problem des Leids aufmerksam gemacht, Jesus auf das Problem der Sünde und des Mangels an Liebe, Gandhi auf die Abwesenheit von Frieden in einer Welt der Gewalttätigkeit. Welche neue Technologie wird mich davon abhalten, meinen Feind anzugreifen? Welcher medizinische Durchbruch wird mich in die Lage versetzen, meinen Nächsten so zu lieben wie mich selbst?

Man braucht sich nur ein wenig umzuschauen, schon sieht man, wie wenig die äußeren Lösungsansätze uns weitergebracht haben. Verbrechen, Hungersnot, Krieg, Epidemien und Armut machen uns immer wieder einen Strich durch die Rechnung. Trotzdem steckt die Gesellschaft nach wie vor jede Menge Geld in die Lösung solcher Probleme – als würde ein gescheiterter Ansatz am Ende doch zum Erfolg führen, sofern wir uns nur nicht davon abbringen lassen, ihn weiterzuverfolgen. Auf dem spirituellen Weg stellen Sie fest, dass die Ursache aller Probleme, ihre eigentliche Wurzel, jedoch im Bewusstsein zu finden ist. Die Lösung kann daher stets nur durch eine Veränderung im Bewusstsein herbeigeführt werden.

Angenommen, Sie wären von der Seelenebene aus glücklich, stünden vollständig in Einklang mit Gott. Wie sähe das aus? Beziehungsweise wie würde sich das anfühlen? Es wäre, um es in einem einzigen Wort zusammenzufassen, mühelos. Von der Seelenebene aus glücklich zu sein setzt dreierlei voraus:

Sie handeln mühelos.
Was Sie tun, erfüllt Sie mit Freude.
Ihre Handlungen führen zu Resultaten.

Erst im Zusammenspiel aller drei Voraussetzungen können Sie jenes Glück erfahren, das Gott Ihnen zuteil werden lassen möchte. Anschauungsmaterial dafür finden wir im Reich der Natur. Jedes Geschöpf im Reich der Natur handelt spontan. Dennoch trägt jede Handlung dieser Geschöpfe zum Erhalt des gesamten Ökosystems bei.

Demgegenüber ist der Mensch vornehmlich in einer geistigen Landschaft zu Hause. Welche Sicht wir von uns selbst haben, entscheidet darüber, wie wir handeln. Die natürliche Umwelt kommt – allenfalls – an zweiter Stelle, und wir erwarten von ihr, dass sie sich unseren Erfordernissen und Anforderungen anpasst.

Die Natur begegnet jeder Herausforderung mit der entsprechenden Reaktion. Mit dem Aussterben der Dinosaurier setzt die Blütezeit der Säugetiere ein. Sobald die Farne den Blütenpflanzen Platz machen, lernen die Insekten, sich von Pollen zu ernähren. Schöpfung und Zerstörung gehen Hand in Hand, stehen unablässig in Kontakt.

In einem System geistiger Ökologie ist so ein nahtloses Ineinandergreifen ebenfalls möglich. In höheren Bewusstseinszuständen wird zwischen einem Wunsch und seiner Erfüllung keine Kluft sichtbar. Nur wenige von uns erleben indes diesen spontanen Zustand. Im herkömmlichen Zustand des Getrenntseins haben wir es mit Lücken und Unterbrechungen zu tun, mit Diskontinuität. Wünsche scheinen nicht in Erfüllung zu gehen, selbst noch so ausgeklügelte Pläne fehlzuschlagen und die Erfahrung des Getrenntseins sich immer mehr zu verstärken.

So könnte man meinen, für eine Lösung der Probleme, vor denen wir stehen, müssten heroische Anstrengungen unternommen werden. Von der spirituellen Warte aus betrachtet trifft allerdings genau das Gegenteil zu. Aus Sicht der Seele geht es bei alldem nicht um die Frage, ob wir uns abrackern oder ob die Resultate zu wünschen übrig lassen; ebenso wenig darum, ob Vorstellungen und Wünsche in Erfüllung gehen oder nicht. Sie brauchen Ihre Handlungen nur an den drei schlichten Kriterien zu messen, die ich eben genannt habe:

Handle ich mühelos, ohne mir etwas abringen zu müssen?
Habe ich Freude an dem, was ich tue?
Stellen sich die Resultate wie von selbst ein?

Diese Fragen mit »Ja« zu beantworten bedeutet, dass Sie sich spirituell in die richtige Richtung bewegen. Antworten Sie mit »Nein«, heißt das: Die Richtung stimmt noch nicht und bedarf der Korrektur.

Jemand aus meinem Bekanntenkreis hat seiner Familie über Jahre hinweg mit Geld und mit Rat zur Seite gestanden. Als einziger von vier Brüdern hatte er ein Universitätsstudium absolvieren können. Nun praktiziert er erfolgreich als Arzt. Er ist selbstbewusst und mit Lösungsvorschlägen schnell bei der Hand. Jahrelang war er der Meinung, er wisse, was seine weniger vom Glück begünstigten Brüder mit ihrem Leben anfangen sollten.

Unlängst kam es zu einer Krise. Die Brüder – Arbeit zu finden hatte ohnehin noch nie zu ihren Stärken gezählt – begannen sich zu verschulden. Von meinem Bekannten wollten sie immer mehr Geld haben. Als er androhte, ihnen womöglich den Geldhahn zuzudrehen, sah er sich mit wütenden Reaktionen konfrontiert.

»Sieh dir das mal an«, sagte er mit Empörung in der Stimme, als er mir eine E-Mail seines jüngsten Bruders zeigte. »Würde ich mich weigern, ihm mehr Geld zu geben, teilt mein Bruder mir mit, sei das ihm gegenüber ein ganz schäbiges Verhalten.«

Ich fragte ihn, wie viel Dankbarkeit seine Brüder ihm gegenüber in all den Jahren zum Ausdruck gebracht hätten.

Mein Bekannter schüttelte den Kopf. »Mein Geld haben sie gern genommen. Mir persönlich haben sie überhaupt keine Beachtung geschenkt.«

»Und trotzdem ziehst du immer wieder dasselbe Programm durch!?«, gab ich zu bedenken.

»Was soll ich machen? Den Gedanken, dass meine Brüder auf Unterstützung karitativer Einrichtungen angewiesen sind oder nach einer wie auch immer beschaffenen Verzweiflungstat im Knast landen, kann ich nicht ertragen«, meinte er.

An dem Punkt habe ich die drei Handlungskriterien ins Gespräch gebracht: »Kannst du deinen Brüdern helfen, ohne dass es dir Mühe bereitet?«, fragte ich ihn. »Nein«, räumte er ein, »gegen Hilfe haben sie sich im Grunde stets mit Händen und Füßen gesträubt.«

»Kümmerst du dich gern um sie?«, lautete meine nächste Frage. »Nein«, entgegnete er. Er war frustriert und fühlte sich ganz miserabel. Viele Male hatte er schon daran gedacht, sich eine andere Telefonnummer zuteilen zu lassen, bloß um nicht mehr mit ihnen sprechen zu müssen.

Schließlich fragte ich ihn: »Kannst du sehen, dass sich dein Bemühen lohnt?« Das traf definitiv nicht zu. Mit ihnen ging es keineswegs bergauf. Stattdessen haben die finanzielle Unterstützung und die Ratschläge meines Bekannten es ihnen ermöglicht, einfach an den alteingefahrenen Gewohnheiten festzuhalten.

Wenn sich in einer Situation durch jede Menge Nachdenken, Pläneschmieden, Bemühen, gutes Zureden und auch Nachdruck keine Änderung herbeiführen lässt, ist es an der Zeit, sich jene drei schlichten Fragen zu beantworten, die ich auch meinem Bekannten gestellt habe.

Alles, was Sie und ich tun können, ist: die eigene Rolle im göttlichen Plan übernehmen. Unendlich große Intelligenz liefert Lösungen für jedes Problem. Bei den Pflanzen und Tieren hält die Ökologie sich selbst im Gleichgewicht. Die einzelne Pflanze und das einzelne Tier brauchen lediglich im Zusammenspiel des Ganzen ihre Rolle zu übernehmen. Menschen sind da ehrgeiziger. Wir legen Wert darauf, eine eigene Sicht der Dinge zu entwickeln und die entsprechenden Vorstellungen in die Tat umzusetzen. Das macht die ganze Angelegenheit ungleich komplizierter. Nichtsdestoweniger kommen hier dieselben grundlegenden Gesetzmäßigkeiten zum Tragen.

Das scheint mir nun ein geeigneter Moment zu sein, auf einen allzu gern erhobenen Einwand zu sprechen zu kommen: Immer wieder sehen sich Menschen, die sich auf den spirituellen Weg begeben haben, mit dem Vorwurf konfrontiert, sie seien selbstbezogen, ja selbstsüchtig. Obwohl die Welt unter den sich überall auftürmenden Problemen geradezu zu ersticken drohe, so der gängige Vorwurf, seien die Suchenden auf dem spirituellen Weg einzig und allein auf das eigene Wohl bedacht. Gott diene ihnen dabei lediglich als bequemer Vorwand.

Diese Kritik läuft im Kern auf Folgendes hinaus: Was sogenannte spirituelle Menschen tun, geschehe nach Maßgabe des Ego – genau wie bei allen anderen. Von Fall zu Fall kann dies in der Tat ein begründeter Einwand sein. Sollten Sie sich aus dem Grund auf dem Weg zu Gott sehen, weil Gott der große Hauptgewinn ist, der ultimative Jackpot, dann ist bei Ihnen eindeutig das Ego federführend.

Wenn uns der spirituelle Weg hingegen über die bislang gewohnte Ich/mich/mein-Vergötterung hinausführt, lässt die Erweiterung des Bewusstseins die durch dualistische Trennung entstandenen Grenzen allmählich in den Hintergrund treten und schließlich verschwinden. Zunehmend betrachten Sie sich dann nicht mehr als isoliert, sondern erleben sich als Teil des Ganzen.

Das versetzt Sie in die Lage, anderen so zu helfen, wie Sie sich selbst helfen würden. Nicht etwa weil Ihnen der Dienst an Ihren Mitmenschen und gute Werke zu einem besonderen Wohlgefühl verhelfen. Vielmehr wird Ihnen begreiflich: Die Person, der Sie hier einen Dienst erweisen, sind *Sie*.

Auch das Ego ist dazu fähig, den Armen und Leidenden einen Dienst zu erweisen. Dahinter steht dann allerdings ein verborgenes Motiv: Anderen etwas zu geben verhilft dem Ego zu einem Gefühl eigener Überlegenheit.

Ganz im Unterschied dazu kenne ich aber auch viele aufrichtig Suchende, denen innerer Frieden, Mitgefühl und innige Vertrautheit mit ihrer Seele als Maßstab für den Lohn gelten, der ihnen zuteil wird. Um spirituell wachsen zu können, muss man sich nicht unbedingt vordergründig in den Dienst seiner Mitmenschen stellen. Ein Leben im Dienst am Mitmenschen kann ebenso erbärmlich und selbstsüchtig sein wie jedes andere.

In jedem Fall aber tragen, das wage ich zu behaupten, die spirituell Suchenden mehr dazu bei, das menschliche Leid zu lindern, als diese oder jene Regierung. Jeder Schritt zu wirklicher Gotteserkenntnis kommt der gesamten Menschheit zugute.

8. *Hindernisse erweisen sich als verkappte Chancen.*

Das achte Prinzip wirkt mangelnder Flexibilität entgegen. Es besagt, dass Hindernisse ein Signal des Bewusstseins sind. Wir sollten, so signalisiert es uns, dringend die Richtung ändern, einen anderen Weg einschlagen. Wenn der Geist offen ist, wird er die nächste Gelegenheit wahrnehmen, das zu tun.

Trifft das Ego auf ein Hindernis, reagiert es darauf mit vermehrter Anstrengung. Das Ego erlebt die Welt als ein Schlachtfeld, auf dem man um den Sieg kämpfen muss. Zweifellos führt eine derartige Einstellung zu Resultaten. Noch jedes Weltreich ist durch gewaltsame Unterwerfung der Widersacher errichtet worden. Dies kostet indes einen entsetzlich hohen Preis: Krieg, Kampf und Zerstörung greifen immer weiter um sich.

Wird man angegriffen, ist die Versuchung groß, sich mit den Waffen des Ego zu rächen. In welcher Friedensbewegung findet man nicht diese zornigen Aktivisten? Wie viele Mitglieder von Umweltbewegungen lieben zwar den Planeten, hassen aber diejenigen, die ihn ausplündern?

Mutter Teresa hat diesen Gedanken in einem bekannten Ausspruch folgendermaßen auf den Punkt gebracht: Einer Bewegung von Kriegsgegnern werde sie sich nie anschließen. An einer Kundgebung für den Frieden werde sie hingegen gern teilnehmen, denn das sei etwas anderes.

Für spirituelles Wachstum stellt die Welt des Ego ein schwerwiegendes Hindernis dar. Deshalb stehen wir tagtäglich vor der Notwendigkeit, flexibel zu sein. Regelmäßig stoßen Sie dabei auf inneren Widerstand. Mehr oder weniger häufig können Sie ihn, zur eigenen Freude, überwinden. Um sich nicht entmutigen zu lassen, sollten Sie sich darüber klar werden, dass die Hindernisse derselben Quelle entspringen wie alles andere. Gott ist nicht nur in den schönen Augenblicken gegenwärtig. Eine unendlich große Intelligenz hat eine Möglichkeit gefunden, jede Stunde Ihres Lebens in einen Plan einzubinden. Die unglaublich komplexen Wechselbeziehungen, die sich zwischen Ihnen und dem Kosmos entspinnen, können Sie unmöglich Tag für Tag erfassen. Damit genau dieser Augenblick zustande kommen konnte, musste sich erst das gesamte Universum verschwören!

Wie Sie der nächsten Herausforderung begegnen werden, lässt sich nicht im Voraus planen. Trotzdem bemühen sich die meisten Menschen, ebendies zu tun: Sie sind bestrebt, das Eintreten der schlimmstmöglichen Szenarien zu verhindern, beschränken sich auf ein kleines Repertoire von Gewohnheiten und Verhaltensmustern, reduzieren ihr Leben auf die Familie, auf Freunde und ihre Arbeit.

Durch sparsamen Umgang mit Ihren persönlichen Ressourcen werden Sie vielleicht ein winziges Quäntchen an Sicherheit gewinnen. Doch indem Sie das tun, haben Sie das Unbekannte komplett ausgesperrt. Und das heißt nichts anderes, als dass Sie Ihr Potenzial vor sich selbst verbergen. Wie wollen Sie in Erfahrung bringen, wozu Sie imstande sind, wenn Sie sich nicht für die Mysterien des Lebens öffnen, wenn Sie das Betreten von Neuland nach Kräften vermeiden wollen? Soll das Leben in jedem Augenblick seine Frische und Lebendigkeit behalten, kommen Sie gar nicht umhin, sich Ihrer eingefahrenen Reaktionsmuster zu entledigen.

Alte Gewohnheiten aufgeben und der Spontaneität vertrauen: Darin liegt das Geheimnis!

Spontan zu sein lässt sich definitionsgemäß nicht vorausplanen. Das ist aber ohnehin gar nicht nötig. Wann immer Sie sich dabei ertappen, dass Sie auf altvertraute Art und Weise reagieren, halten Sie einfach inne. Denken Sie sich keine neue Reaktion aus. Verfallen Sie aber genauso wenig ins Gegenteil dessen, was Sie für gewöhnlich tun. Artikulieren Sie vielmehr den Wunsch, sich zu öffnen. Gehen Sie in sich. Seien Sie bei sich. Lassen Sie zu, dass die nächste Reaktion ganz von allein erfolgt.

Einen bekannten Broadway-Komponisten hat man einst gefragt, wie er denn eigentlich auf all seine wundervollen Melodien komme. Bevor er einst einen besonders erfolgreichen Song schrieb, so viel war bekannt, hatte er seine am

Steuer sitzende Frau aus heiterem Himmel aufgefordert, den Wagen an den Straßenrand zu fahren, damit er kurz die Melodie notieren könne. Und worin bestand nun sein Geheimnis? »Abwarten, sich treiben lassen und der Eingebung folgen«, lautete die Antwort.

Genau.

9. Durch das Verlangen
weist die Evolution uns den Weg.

Das neunte Prinzip wirkt der Heuchelei oder Scheinheiligkeit entgegen. Es ermutigt uns, die eigenen Begierden offen und ehrlich zum Ausdruck zu bringen, da sie uns den Weg zu wirklichem Wachstum weisen. Tun Sie nicht so, als seien Sie besser – oder anders –, als Sie tatsächlich sind. Tappen Sie nicht in die Falle, der Welt das eine Gesicht zu zeigen, für Gott hingegen ein anderes aufzusetzen. Wie Sie wirklich sind, deckt sich exakt damit, wie Sie sein sollen.

Verlangen ist für die Menschen unserer Zeit zu einem Riesenproblem geworden. Zwei einander konträre Kräfte ziehen und zerren uns in entgegengesetzte Richtungen. Die eine will uns von überkommenen Werten befreien, die andere ebendiese bewahren. Die sich daraus ergebende Polarisierung lässt sich in allen Lebensbereichen beobachten, insbesondere in sozialen Belangen und in der Politik.

Kirchgänger beispielsweise halten sich für rechtschaffene, verantwortungsbewusste und gottgefällige Menschen. Wer ihnen nicht gleicht, verkörpert in ihren Augen keine Werte und ist darum der Liebe Gottes unwürdig. Indem solche Gottesfürchtigen »ihren« Gott all jenen vorenthalten wollen, die von diesem Weg der Rechtschaffenheit abgewichen sind, maßen sie sich unwillkürlich eine Rolle an, die niemand anderem als Gott zusteht.

Eine solche Aufspaltung wird auch in unseren inneren Konflikten erkennbar. Die überkommenen Werte üben im Grunde einen restriktiven Einfluss aus. Der Gott dieser Werte ist ein urteilender und richtender Gott, über dessen Forderungen man sich nicht hinwegsetzen darf. Der Geist ist, mit anderen Worten, dazu da, das Fleisch zu maßregeln und seine Gelüste unter Kontrolle zu halten. Demgegenüber verlangt die Kraft der Befreiung nach einem Gott der Toleranz, der seine Schöpfung liebt und im Gegenzug auch nichts anderes wünscht als Liebe. Um diese Spaltung heilen zu können, gilt es zu begreifen, dass Gott keine Forderungen an uns richtet und uns in dem, was wir denken, sagen oder tun, keine besonderen Beschränkungen auferlegt. Zu Beginn des Weges spielt es keine Rolle, ob Sie gläubig sind oder ein Atheist. Eines haben beide Seiten miteinander gemeinsam: Einschränkung. Das allgemein vorherrschende menschliche Befinden ist durch eine eingeschränkte Wahrnehmung der Wirklichkeit gekennzeichnet. Wir alle sind davon betroffen. Wie sollen wir uns also nun, Gottes

Wunsch gemäß, entwickeln? In welche Richtung? Nach welchen Vorgaben? Es gibt keine. Vielmehr werden Sie sich, indem Sie den eigenen Wünschen und Begierden folgen, in die von Ihnen bevorzugte Richtung entwickeln. Sie kultivieren bereits die richtigen Samen. In gewissem Sinn übernehmen hier diejenigen Dinge, an denen Sie ein besonders stark ausgeprägtes Interesse haben, die Rolle Gottes. Von ihnen fühlen Sie sich auf unwiderstehliche Weise angezogen.

Die sichtbare Welt in all ihren Einzelheiten steht als Symbol für Gott. An einem warmen Abend im Juni können Sie den Himmel betrachten, wie angenietet vor dem Fernseher sitzend ein Fußballspiel verfolgen oder dabei zusehen, wie Ihr Kleines schlummernd in der Wiege liegt. Was immer Sie in seinen Bann zu ziehen vermag, versucht zugleich, Sie wachzurütteln. Einer meiner Bekannten hat das so ausgedrückt: »Wenn man nicht weiß, wohin die Reise geht, spielt es keine Rolle, von wo aus man sie antritt.«

Folgt man einem liebevollen Impuls, wohin er auch führen mag, so wird dieser Impuls immer umfassender und stärker werden. Zu guter Letzt wird er sich dann als etwas Göttliches erweisen.

Für einen von Dankbarkeit getragenen Impuls gilt das Gleiche. Ebenso für einen Impuls voller Mitgefühl, Güte, Nächstenliebe, Vertrauen, Hingabe, Wertschätzung und, nicht zu vergessen, für einen künstlerischen oder wissenschaftlichen Impuls.

In welche Richtung der menschliche Geist sich auch entfalten will, an der Endstation wird Gott jedenfalls schon auf
Sie warten.

10. Freiheit bedeutet loslassen.

Das zehnte Prinzip wirkt dem Anhaften entgegen. Es ruft
uns in Erinnerung, dass all unser Streben nicht der Weg zu
Gott ist. Wenn Sie hingegen, was nicht wirklich ist in Ihrem
Leben, bereitwillig loslassen, bleibt schließlich nur das
Wirkliche übrig: Gott allein.

Im Lauf der Jahre habe ich festgestellt, dass das Thema
Loslassen die Menschen verunsichert. So gern sie sich auch
von jenen Dingen, die ihnen Schmerz und Leid bringen, lösen möchten, will es ihnen paradoxerweise dennoch nicht
gelingen, die Fesseln abzustreifen. Misshandelte Ehefrauen
trennen sich nicht von den Männern, die sie misshandeln.
Menschen mit einem Suchtproblem verlangen nach mehr
von dem, was sie zugrunde richtet. Wut, Angst und Gewalt
spuken nach Belieben im Geist herum, selbst wenn die oder
der Betreffende mit aller Macht versucht hat, dem Spuk ein
Ende zu bereiten. Wie aber können Sie sich von etwas frei
machen, das wie eine Klette an Ihnen haften bleibt?

Jemandem, der auf diese Weise festhängt und nicht weiß,
wie er weiterkommen soll, zu sagen: »Lass einfach los«,

bringt genauso wenig, als würde man einen total hysterischen Menschen auffordern: »Beruhige dich doch bitte.« Negative Dinge werden wir deshalb so schlecht los, weil sie eng mit einer zugrunde liegenden Energie verquickt sind, die nicht verschwinden will.

Wütende Menschen brauchen für einen Wutausbruch keinen besonderen Grund, lediglich einen geeigneten Vorwand, um die aufgestaute Energie zu entladen, die bei ihnen ständig vor sich hin köchelt. Ängstliche Menschen tragen die Besorgnis in sich. Diese liegt nicht in einer bestimmten Sache begründet, sondern die Angst selbst ängstigt sie. Um sich davon zu befreien, muss man zu einer Möglichkeit finden, wie all diese festsitzende Energie, die unablässig dieselben alten Botschaften verbreitet, wieder in Bewegung kommen kann. Loslassen zu können ist komplizierter, als es klingt, jedoch von denkbar größter Bedeutung.

Angst und Wut, jene beiden emotionalen Energien, die uns besonders hartnäckig heimsuchen, wollen wir nun etwas eingehender betrachten. Der Prozess, der in Gang kommen sollte, damit man sich von Angst und Wut lösen kann, muss auf jeden Fall die folgenden Schritte umfassen:

Seien Sie hellwach. Übergehen oder überspielen Sie, wenn Sie ängstlich, besorgt oder wütend sind, nicht die eigenen Gefühle. Widerstehen Sie dem Drang, die Augen zu verschließen vor den entsprechenden Empfindungen, um sie wieder aus Ihrem Gesichtsfeld zu verdrängen. Je aufmerksamer Sie sind, umso leichter wird es möglich sein, zu der stecken gebliebenen Energie Zugang zu finden und sich von ihr zu lösen.

Seien Sie objektiv. Wenn Sie sich mit negativer Energie persönlich identifizieren, werden Sie diese nie loslassen können. Lernen Sie, Wut einfach nur als Energie anzusehen, ähnlich wie Elektrizität. Bei Elektrizität geht es nicht um Sie. Bei Wut ebenso wenig. Vielmehr ist sie etwas Universelles und bleibt an allem hängen, was unfair und ungerecht zu sein scheint. Angst haftet allem an, was sich gefährlich oder unsicher anfühlt.

Sehen Sie von den Besonderheiten ab. Energien heften sich an bestimmte Situationen. Ein/e Fahrer/in hinter Ihnen verursacht an Ihrem Wagen einen Auffahrunfall; im Supermarkt stehen Sie Schlange, da drängt sich jemand vor; oder jemand anderes prellt Sie um Geld. Das sind die für die Situation charakteristischen Sachverhalte, ihre spezifischen Besonderheiten. Wenn Ihr Erleben sich ganz auf diese Aspekte konzentriert, wird es Ihnen nicht gelingen, sich vollständig von der Energie zu lösen. Stellen Sie sich vor, Sie hätten eine Auseinandersetzung mit Ihrer Frau beziehungsweise mit Ihrem Mann. Ihren Standpunkt, das scheint für Sie festzustehen, vertreten Sie mit Fug und Recht. Falls Sie aber nur dann bereit sind, nicht länger zu grollen, wenn Ihr/e Partner/in einräumt: »Ich hatte unrecht. Du hattest

217

hundertprozentig recht«, müssen Sie wahrscheinlich ewig warten. Und womöglich wird Ihre Wut selbst dann nicht restlos abklingen, wenn sie oder er sich entschuldigt. Sehen Sie daher von den spezifischen Gegebenheiten der Situation ab, damit Sie sich einfach Ihrerseits von der Wut frei machen können – zum eigenen Wohl.

Übernehmen Sie die Verantwortung. Mit dem Absehen von den Besonderheiten geht dies Hand in Hand. Die eigene Energie ist Ihre und nicht die von jemand anderem. Wer im Recht oder im Unrecht ist, wer der Übeltäter und wer das Opfer, spielt unter spirituellen Gesichtspunkten keine Rolle. Nur auf eines kommt es an: Wie gewinnen Sie Ihre Freiheit? Richtig und Falsch stehen in einer Welt der Gegensätze auf immerdar in Widerstreit zueinander. Ihre Aufgabe besteht darin, sich jener Energie zu entledigen, die an Ihnen, aus welchen Gründen auch immer, hängen geblieben ist. Sobald Sie die Verantwortung übernehmen, werden Sie nicht länger wie ein Spielball dem Auf und Ab der Umstände ausgesetzt sein.

Gehen Sie nicht davon aus, jemand anderes werde es an Ihrer Stelle erledigen. So etwas wie eine göttliche Führung gibt es, gewiss. Nichtsdestoweniger führt der Weg zur Freiheit unweigerlich über uns selbst. Die meisten von uns hoffen, durch andere Menschen, nicht durch eine göttliche Instanz, an Stärke gewinnen zu können. Kein Weg führt jedoch an der Tatsache vorbei, dass Sie für die spirituelle Reise auf nichts anderes zurückgreifen können als auf den eigenen Geist, den eigenen Körper und die eigene Seele. Andere Menschen können Ihnen zwar Zuspruch geben und Sie durch hilfreiche Wünsche unterstützen. Nur Sie selbst können sich jedoch, im Innern, auf die Reise begeben.

Lassen Sie Ihren Körper an dem Prozess teilhaben. Loslassen ist durchaus nicht nur ein geistiger Vorgang. Tatsächlich haben Sie Ihre Vergangenheit »umgewandelt« und ihr in Gestalt des eigenen Körpers einen Zufluchtsort geboten. Jemand anderes hat diesen Zusammenhang auf die schlichte Formel gebracht: Die Probleme haben sich im Körpergewebe abgelagert (»The issues are in the tissues«). Verschiedene Arten von Körperarbeit und Reinigungstherapie sind hier hilfreich. Lassen Sie den Körper zunächst einmal das tun, was er will. Er versteht sich bestens darauf, vor Angst zu zittern oder vor Wut zu erbeben. Widersetzen Sie sich nicht den natürlichen Körperreaktionen. Tragen Sie diese andererseits aber auch nicht auf dem Rücken Ihrer Mitmenschen aus. Sich der stecken gebliebenen Energie zu entledigen ist ein persönlicher Prozess, der sich allein in Ihrer Sphäre abspielen sollte.

Unternehmen Sie eine Forschungs- und Entdeckungsreise. Mit alldem will ich ganz gewiss nicht sagen, die spirituelle Reise beinhalte große Anstrengungen und Mühen, die man im Alleingang auf sich nimmt. Im Gegenteil, was könnte wohl faszinierender sein, als in Erfahrung zu bringen, wer Sie wirklich sind und worum es sich bei Ihnen eigentlich dreht. In ihrer überwiegenden Mehrheit leben die Menschen ein Leben aus zweiter Hand. Über sich selbst wissen sie nur dasjenige, was andere ihnen sagen. Die Stimmen, die sie in ihrem Kopf vernehmen, stammen aus der Vergangenheit. Die Möglichkeiten, die sie vor sich sehen, laufen im Großen und Ganzen auf das hinaus, was man ihnen in der Schule, in der Kirche und in ihrer Familie beigebracht hat. Die Vergangenheit hinterlässt ihre Spuren in Form von unaufgelöster Energie. Der Konformitätsdruck bewirkt, dass man Angst hat, die Fesseln zu sprengen. Zum Glück werden Sie jedoch in dem Maß, in dem Sie sich von solchen alten Energien lösen, ein Stück neue Freiheit hinzugewinnen.

Die Freiheit sollten Sie höher schätzen als irgendetwas sonst. Wir alle können, wie bereits an anderer Stelle angesprochen, im Innern zwei gegenläufige Impulse hören. »Dies will ich tun«, sagt der eine, während der andere sagt: »Besser aber sollte ich jenes tun.« Aus der ersten Stimme spricht die Freiheit, aus der zweiten die Angst. So unendlich komplex der göttliche Plan auch ist – sobald es darin um jede/n Einzelne/n von uns geht, erweist er sich als unglaublich einfach: Wer auch immer Sie sein wollen, zu dem Menschen werden Sie; und was immer Sie tun wollen, das bekommen Sie zu tun. Beides stimmt jedoch keineswegs mit dem überein, was Sie nach dem Willen des Ego sein sollen; und ebenso wenig mit dem, wozu Ihre Fantasie Sie zu drängen versucht. Spirituelle Freiheit eröffnet Ihnen die Unendlichkeit des Seins. Dann und nur dann werden Sie demjenigen Menschen begegnen, der Sie wirklich sind. In dem Augenblick werden Sie in allem, was Sie in der Vergangenheit sein wollten, bloß einen flüchtigen Impuls erkennen. Und jeder Impuls, frei zu sein, führt Sie, wie Sie dann sehen werden, in die richtige Richtung.

IHRE STECKEN GEBLIEBENEN Energien nötigen Sie, jemand zu sein, der nicht mehr existiert: das wütende, unter Liebesentzug leidende Kind; das verängstigte, sich nicht sicher und geborgen fühlende Kind. Die Vergangenheit ist nicht geeignet, Ihnen den Weg in die Zukunft zu weisen. Eben auf sie bauen dennoch die meisten von uns. Sich von den feststeckenden Energien zu lösen bedeutet, sich von der Vergangenheit zu lösen. Wenn Sie nur tief genug gehen, vermögen Sie sich sogar von der Zeit zu lösen. In dieser Art von Befreiung liegt letztendliche Freiheit. In sich tragen Sie die ganze Menschheitsgeschichte, den Kummer der Welt, ihren Schmerz, ihre Angst und Wut. Manche Menschen werden es vielleicht verstörend finden und einen Anflug von Verzweiflung erleben, wenn sie diese Wahrheit hören.

Aber ist das nicht eigentlich viel eher ein Grund zur Freude? Zu denken, dass Sie durch die eigene Befreiung die Welt befreien. Gibt es etwas Wichtigeres, was auf dem Spiel stehen könnte?

Jesus, Buddha, all die Heiligen und Weisen existieren, wie ich einst gelesen habe, nur, »um auf Erden Realität herbeizuführen«. In dem Moment habe ich die Menschheit als eine gewaltige Pyramide vor mir gesehen. Jede/r Einzelne von uns nimmt darin einen unverwechselbaren Platz ein. Gott kommt einem erfrischenden Frühlingsregen gleich auf die Erde hernieder, und auf jeder Ebene nimmt man seine Gnade anders wahr.

Manche Menschen empfinden Gottes Gnade als Liebe, andere wiederum als Erlösung. Wie Sicherheit und Wärme fühlt sie sich auf der einen Stufe an, wie eine Heimkehr auf einer anderen. Ich bin mir nicht sicher, wo sich mein Platz befindet in dieser Pyramide, da ich mich entschieden habe, ein Kletterer zu sein. Ich bringe mich dazu, immer weiter hinaufzusteigen, inspiriert durch einen gelegentlichen Blick auf diejenige Bewusstseinsebene, die es zu erreichen gilt.

Eines Tages werde ich ganz oben an der Spitze der Pyramide angelangt sein. Ich bezweifle, dass ich in dieser erhabenen Höhe ein Bildnis von Buddha oder Christus zu sehen bekommen werde – oder von anderen Wesen, die sich glücklich schätzen durften, vor mir dorthin gekommen zu sein. Gewiss werden sie in den Himmelsraum entschwunden sein. Über mir wird sich nur noch das All in seiner unermesslichen Weite erstrecken, die unendlich beglückende Fülle Gottes.

Aber ich werde nicht den Drang haben hinaufzuschauen – nicht etwa weil ich mich fürchtete, das Göttliche von Angesicht zu Angesicht zu erblicken. Vielmehr wird sich mein Blick nach unten richten. Denn, kaum ein paar Schritte hinter mir, werden Sie auf mich zustreben. So werden wir einander zu guter Letzt im Licht Gottes wiedersehen, und in jenem Augenblick des Erkennens wird einer niemals endenden Morgenröte gleich aufscheinen, was ich nur mit dem Wort Liebe beschreiben kann.

Dank

An meinen Lektor Peter Guzzardi für das große Geschick, mit dem er alles Weitschweifige, jedes überflüssige Wort aus dem Buchmanuskript herausgefiltert hat. An Carolyn Rangel und die gesamte Belegschaft im Chopra-Center. Durch ihr großes Engagement inspirieren sie mich jeden Tag aufs Neue. An meine Familie daheim und an meine Familie bei Harmony Books: Ich danke euch, Shaye, Jenny, Julia, Kira und Tara.